# Questo quaderno di nonogrammi appartiene a:

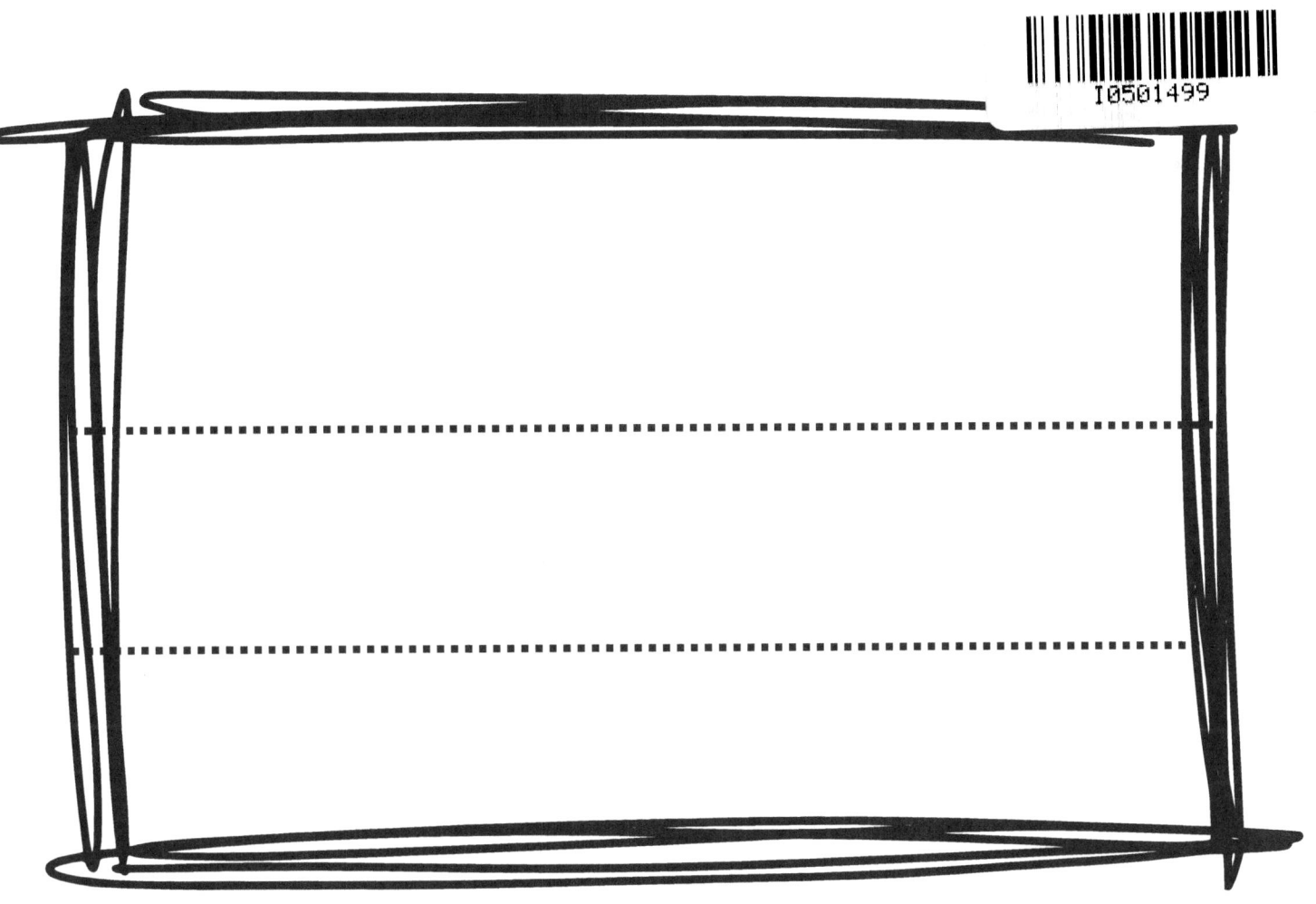

# Come risolvere un nonogramma

Il nonogramma è un tipo di puzzle logico che consiste nel ricreare un'immagine nascosta utilizzando indizi numerici che determinano quante caselle di una riga o di una colonna devono essere selezionate.

I nonogrammi sono noti anche come "cruciverba giapponesi", "picross", "griddler" o "hanjie".

I nonogrammi sono generalmente costituiti da una griglia di caselle che devono essere riempite o lasciate vuote per formare un'immagine.

Gli indizi numerici a sinistra e sopra la griglia descrivono l'ordine e la lunghezza dei gruppi di caselle che devono essere segnati in una riga o in una colonna.

I giocatori usano questi indizi per scoprire l'immagine nascosta che si crea quando riempiono correttamente la griglia di caselle.

I nonogrammi sono popolari in tutto il mondo e sono disponibili in diversi livelli di difficoltà, da facile a molto difficile.

I nonogrammi sono un modo divertente per esercitare la concentrazione, la memoria e la capacità di risolvere problemi logici.

# Si consideri la soluzione di un piccolo nonogramma

Innanzitutto, cerchiamo i numeri più grandi a sinistra o in alto, e preferibilmente sui bordi, da cui è più facile iniziare la soluzione. Nell'ultima colonna vediamo il numero 6. Ciò significa che la colonna ha un blocco di 6 celle riempite di nero in un blocco. Ciò significa che la colonna ha un blocco di 6 celle riempite di nero in una riga. Poiché il cruciverba giapponese ha solo 8 celle in altezza, questo blocco nel nostro caso può essere posizionato in tre modi: vicino al bordo superiore, al bordo inferiore e al centro. Se prendiamo le due posizioni estreme, scopriremo che le celle sottostanti saranno comunque dipinte.

Ora guardate le due linee orizzontali con i numeri – 5. Ognuna di queste linee ha un blocco di 5 celle. Grazie al fatto che abbiamo trovato una cella piena con un bordo per ciascuna, sappiamo esattamente come si trovano questi blocchi. Sentitevi liberi di dipingere. Una funzione utile: tenendo premuto il tasto CTRL, è possibile dipingere istantaneamente l'intero blocco rettangolare.

Il programma cancella automaticamente i numeri trovati correttamente e inserisce le croci nelle celle libere. Questa funzione può essere disattivata nelle impostazioni se si desidera controllare l'intero processo. In questo caso, le crocette possono essere impostate facendo clic con il tasto destro del mouse o selezionando le crocette nel pannello dei colori. Inoltre, nelle impostazioni è possibile personalizzare l'aspetto delle croci, il colore e la trasparenza dell'evidenziazione e molto altro ancora.

Ora prestate attenzione alla quarta riga. Presenta un blocco rosa in due celle. Osservando i numeri in alto, vediamo che il colore rosa è presente solo in due colonne, quindi il blocco orizzontale può trovarsi solo nelle celle successive.

NELLA TERZA COLONNA SOPRA LA CELLA ROSA, DOVREBBE ESSERCI UN BLOCCO DI TRE CELLE. POICHÉ SONO RIMASTE SOLO TRE CELLE VUOTE, SIGNIFICA CHE CONOSCIAMO SICURAMENTE LA SUA POSIZIONE.

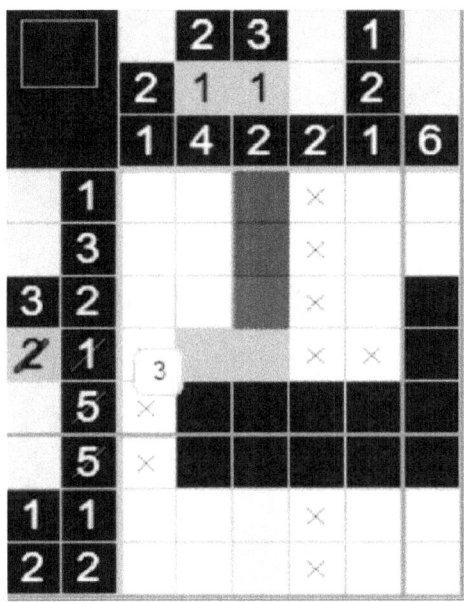

LA SECONDA RIGA DOVREBBE ESSERE UN BLOCCO DI TRE CELLE. UNA CELLA RIEMPITA È GIÀ PRESENTE ED È DELIMITATA DA UNA CROCE SULLA DESTRA. QUESTO SIGNIFICA CHE IL BLOCCO PUÒ CONTINUARE SOLO IN UNA DIREZIONE, E LO DIPINGEREMO.

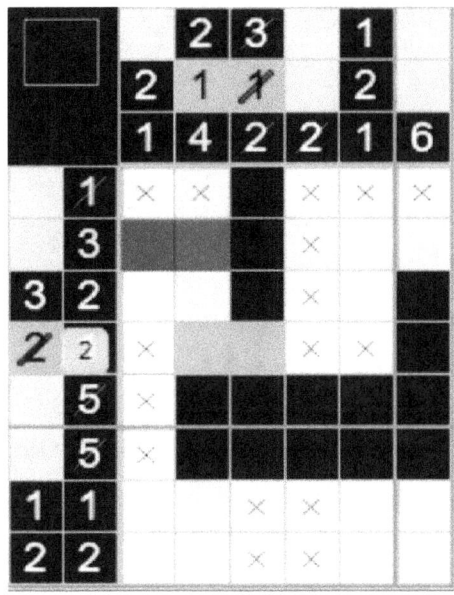

Applichiamo tecniche simili al resto delle celle e otteniamo l'immagine finita: il nonogramma è completamente risolto!

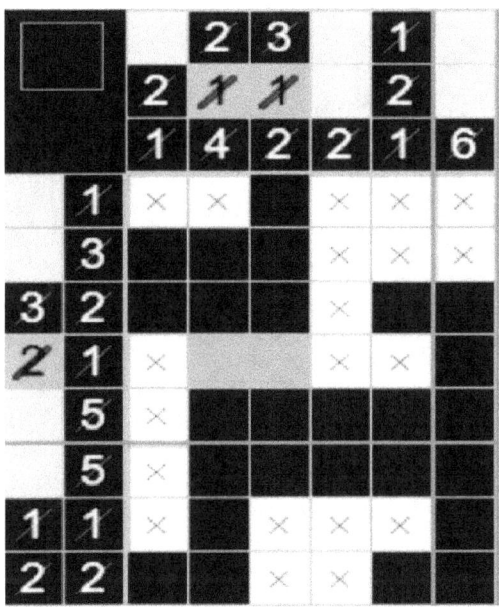

Spero che questa introduzione vi abbia spiegato le basi della risoluzione dei nonogrammi.

Buon divertimento :)

# Quindi prendete la matita e iniziamo

"Copyright© 2023
"Dav Tury" Tutti i diritti riservati. Questa pubblicazione, comprese tutte le sue parti, è protetta da copyright. Nessuna parte di questa pubblicazione può essere riprodotta, memorizzata in un sistema di recupero o trasmessa in qualsiasi forma o con qualsiasi mezzo, elettronico, meccanico, di fotocopiatura, di registrazione o altro, senza la previa autorizzazione scritta del proprietario del copyright.

# Nono nr 1

|   |   | 3 | 8 | 9 | 11 | 11 | 12 | 12 | 12 | 12 | 12 | 11 | 9 | 9 | 15 | 14 | 11<br>3 | 8<br>1<br>1 | 6<br>1 | 2 |
|---|---|---|---|---|----|----|----|----|----|----|----|----|---|---|----|----|---------|-------------|--------|---|
|   | 0 |   |   |   |    |    |    |    |    |    |    |    |   |   |    |    |         |             |        |   |
|   | 0 |   |   |   |    |    |    |    |    |    |    |    |   |   |    |    |         |             |        |   |
|   | 1 |   |   |   |    |    |    |    |    |    |    |    |   |   |    |    |         |             |        |   |
| 1 | 1 |   |   |   |    |    |    |    |    |    |    |    |   |   |    |    |         |             |        |   |
|   | 3 |   |   |   |    |    |    |    |    |    |    |    |   |   |    |    |         |             |        |   |
|   | 3 |   |   |   |    |    |    |    |    |    |    |    |   |   |    |    |         |             |        |   |
| 6 | 5 |   |   |   |    |    |    |    |    |    |    |    |   |   |    |    |         |             |        |   |
|   | 15 |  |   |   |    |    |    |    |    |    |    |    |   |   |    |    |         |             |        |   |
|   | 16 |  |   |   |    |    |    |    |    |    |    |    |   |   |    |    |         |             |        |   |
|   | 18 |  |   |   |    |    |    |    |    |    |    |    |   |   |    |    |         |             |        |   |
|   | 18 |  |   |   |    |    |    |    |    |    |    |    |   |   |    |    |         |             |        |   |
|   | 17 |  |   |   |    |    |    |    |    |    |    |    |   |   |    |    |         |             |        |   |
|   | 17 |  |   |   |    |    |    |    |    |    |    |    |   |   |    |    |         |             |        |   |
|   | 17 |  |   |   |    |    |    |    |    |    |    |    |   |   |    |    |         |             |        |   |
|   | 15 |  |   |   |    |    |    |    |    |    |    |    |   |   |    |    |         |             |        |   |
|   | 16 |  |   |   |    |    |    |    |    |    |    |    |   |   |    |    |         |             |        |   |
| 10 | 3 | |   |   |    |    |    |    |    |    |    |    |   |   |    |    |         |             |        |   |
| 7 | 4 |  |   |   |    |    |    |    |    |    |    |    |   |   |    |    |         |             |        |   |

# Nono nr2

| | | | | | | | | | | | | | | | | |
|---|---|---|---|---|---|---|---|---|---|---|---|---|---|---|---|---|
| | | | | | | | | | | | | 3 | 3 | | | |
| | | | | | | | | | | 4 | 3 | 2 | 3 | 7 | 6 | |
| | | 2 | 2 | 6 | 3 | | | 5 | 4 | 2 | 3 | 3 | 2 | 2 | 2 | 3 |
| | 2 | 5 | 6 | 3 | 3 | 3 | 4 | 3 | 5 | 3 | 2 | 1 | 1 | 1 | 2 | 3 |
| 2 | | | | | | | | | | | | | | | | |
| 4 | | | | | | | | | | | | | | | | |
| 2 3 | | | | | | | | | | | | | | | | |
| 2 6 | | | | | | | | | | | | | | | | |
| 2 7 | | | | | | | | | | | | | | | | |
| 3 3 3 | | | | | | | | | | | | | | | | |
| 3 3 3 | | | | | | | | | | | | | | | | |
| 2 3 3 | | | | | | | | | | | | | | | | |
| 2 3 3 | | | | | | | | | | | | | | | | |
| 7 4 | | | | | | | | | | | | | | | | |
| 6 5 | | | | | | | | | | | | | | | | |
| 2 4 | | | | | | | | | | | | | | | | |
| 2 | | | | | | | | | | | | | | | | |
| 3 4 | | | | | | | | | | | | | | | | |
| 8 | | | | | | | | | | | | | | | | |
| 3 1 | | | | | | | | | | | | | | | | |
| 2 | | | | | | | | | | | | | | | | |
| 3 | | | | | | | | | | | | | | | | |
| 1 | | | | | | | | | | | | | | | | |

# Nono nr 3

| | 3 | 9 | 9 | 10 | 10 | 10 | 11 | 14 | 10 1 | 10 | 9 | 11 | 13 | 2 10 | 10 | | 1 |
|---|---|---|---|---|---|---|---|---|---|---|---|---|---|---|---|---|---|
| 1 | | | | | | | | | | | | | | | | | |
| 3 | | | | | | | | | | | | | | | | | |
| 1 1 | | | | | | | | | | | | | | | | | |
| 2 5 | | | | | | | | | | | | | | | | | |
| 5 4 | | | | | | | | | | | | | | | | | |
| 6 6 | | | | | | | | | | | | | | | | | |
| 14 | | | | | | | | | | | | | | | | | |
| 14 | | | | | | | | | | | | | | | | | |
| 14 | | | | | | | | | | | | | | | | | |
| 14 | | | | | | | | | | | | | | | | | |
| 14 | | | | | | | | | | | | | | | | | |
| 13 | | | | | | | | | | | | | | | | | |
| 12 | | | | | | | | | | | | | | | | | |
| 10 | | | | | | | | | | | | | | | | | |
| 5 | | | | | | | | | | | | | | | | | |
| 3 | | | | | | | | | | | | | | | | | |
| 2 | | | | | | | | | | | | | | | | | |
| 1 | | | | | | | | | | | | | | | | | |
| 1 | | | | | | | | | | | | | | | | | |
| 2 | | | | | | | | | | | | | | | | | |

# Nono nr4

| | | | | | | | | | | | | | | |
|---|---|---|---|---|---|---|---|---|---|---|---|---|---|---|
| | | | | | | 3 | | | | | 5 | | | |
| | 1 | 3 | 2 | 2 | 3 | 7 | 8 | 15 | 6 | 6 | 2 | 11 | 12 | 3 |
| 1 | | | | | | | | | | | | | | |
| 2 | | | | | | | | | | | | | | |
| 4 | | | | | | | | | | | | | | |
| 2 | | | | | | | | | | | | | | |
| 2 | | | | | | | | | | | | | | |
| 4 | | | | | | | | | | | | | | |
| 5 | | | | | | | | | | | | | | |
| 6 | | | | | | | | | | | | | | |
| 7 | | | | | | | | | | | | | | |
| 7 | | | | | | | | | | | | | | |
| 7 | | | | | | | | | | | | | | |
| 7 | | | | | | | | | | | | | | |
| 2 3 | | | | | | | | | | | | | | |
| 1 1 3 | | | | | | | | | | | | | | |
| 1 1 3 | | | | | | | | | | | | | | |
| 1 1 2 | | | | | | | | | | | | | | |
| 1 1 2 | | | | | | | | | | | | | | |
| 1 1 2 | | | | | | | | | | | | | | |
| 1 1 1 1 | | | | | | | | | | | | | | |
| 1 1 1 1 | | | | | | | | | | | | | | |

# Nono nr 5

## Column clues

| | | | 5 2 1 | 11 4 | 2 15 | 17 | 10 | 8 1 1 | 11 | 10 | 8 | 7 | 5 | 2 | 1 | 1 | 1 | 1 | 1 |
|---|---|---|---|---|---|---|---|---|---|---|---|---|---|---|---|---|---|---|---|
| | | 2 | 3 | | | | | | | | | | | | | | | | |

## Row clues

- 1
- 2
- 6
- 4, 1
- 5
- 5
- 5
- 5
- 7
- 8
- 8
- 9
- 9
- 9
- 9
- 2, 5
- 3, 12
- 2, 6
- 2, 3
- 2

# Nono nr6

| | 1 | 1 | 2 | 5 | 3 1 | 2 | 3 | 3 | 4 | 7 | 6 | 6 | 5 | 4 | 4 | 5 | 4 | 4 | 3 | 2 |
|---|---|---|---|---|---|---|---|---|---|---|---|---|---|---|---|---|---|---|---|---|
| 1 | | | | | | | | | | | | | | | | | | | | |
| 2 | | | | | | | | | | | | | | | | | | | | |
| 7 | | | | | | | | | | | | | | | | | | | | |
| 9 | | | | | | | | | | | | | | | | | | | | |
| 11 | | | | | | | | | | | | | | | | | | | | |
| 13 | | | | | | | | | | | | | | | | | | | | |
| 8 4 | | | | | | | | | | | | | | | | | | | | |
| 3 1 3 | | | | | | | | | | | | | | | | | | | | |
| 2 1 | | | | | | | | | | | | | | | | | | | | |
| 2 | | | | | | | | | | | | | | | | | | | | |
| 2 | | | | | | | | | | | | | | | | | | | | |
| 4 | | | | | | | | | | | | | | | | | | | | |
| 2 | | | | | | | | | | | | | | | | | | | | |

# Nono nr7

| | | | | | | | | | | | | | | | | | | | | |
|---|---|---|---|---|---|---|---|---|---|---|---|---|---|---|---|---|---|---|---|---|
| | | | | | | | | | | 2 | 2 | | | | | | | | | |
| | | | | | | | | | | 7 | 7 | | | | | | | | | |
| | | | 3 | 3 | 3 | 2 | 3 | 3 | 3 | 1 | 1 | 2 | 3 | 3 | 3 | 2 | 3 | 3 | | |
| | 2 | 4 | 1 | 1 | 1 | 1 | 1 | 1 | 1 | 1 | 1 | 1 | 1 | 1 | 1 | 1 | 1 | 1 | 4 | 2 |
| 2 | | | | | | | | | | | | | | | | | | | | |
| 3 | | | | | | | | | | | | | | | | | | | | |
| 1 1 | | | | | | | | | | | | | | | | | | | | |
| 2 2 | | | | | | | | | | | | | | | | | | | | |
| 1 1 | | | | | | | | | | | | | | | | | | | | |
| 2 2 | | | | | | | | | | | | | | | | | | | | |
| 1 2 1 | | | | | | | | | | | | | | | | | | | | |
| 2 2 2 | | | | | | | | | | | | | | | | | | | | |
| 2 2 1 | | | | | | | | | | | | | | | | | | | | |
| 1 2 2 | | | | | | | | | | | | | | | | | | | | |
| 2 2 2 | | | | | | | | | | | | | | | | | | | | |
| 1 2 1 | | | | | | | | | | | | | | | | | | | | |
| 2 2 2 | | | | | | | | | | | | | | | | | | | | |
| 1 1 | | | | | | | | | | | | | | | | | | | | |
| 2 2 2 | | | | | | | | | | | | | | | | | | | | |
| 1 1 | | | | | | | | | | | | | | | | | | | | |
| 2 2 | | | | | | | | | | | | | | | | | | | | |
| 20 | | | | | | | | | | | | | | | | | | | | |

# Nono nr 8

**Column clues (left to right):**

1. 3
2. 1, 1
3. 1, 1, 1
4. 2, 17
5. 1, 1
6. 1, 17
7. 1, 1
8. 2, 1, 6
9. 1, 9
10. 1, 1, 1, 2
11. 1, 1, 2, 4
12. 1, 1, 2, 4
13. 1, 1, 1, 2
14. 1, 1, 1, 7
15. 1, 1, 1, 1, 2
16. 1, 1, 7
17. 1, 1, 7
18. 1, 3, 1, 2
19. 1, 1, 6
20. 3

**Row clues (top to bottom):**

1. 5
2. 4, 13
3. 1, 1
4. 4, 15
5. 1, 1, 1, 1
6. 1, 1, 12
7. 1, 1, 2, 2, 1, 2, 1
8. 1, 1, 2, 1, 2, 1
9. 1, 1, 2, 2, 1, 4
10. 1, 1, 2, 2, 1, 2, 1
11. 1, 1, 12
12. 1, 1, 10
13. 1, 1
14. 1, 1
15. 1, 1
16. 1, 1
17. 1, 1
18. 1, 1
19. 1, 1
20. 3

# Nono nr 9

|       | 4 | 7 | 10 | 11 | 12 | 13 | 14 | 14 | 13 | 13 | 14 | 14 | 13 | 12 | 11 | 10 | 7 | 4 |
|-------|---|---|----|----|----|----|----|----|----|----|----|----|----|----|----|----|---|---|
| 5 5   |   |   |    |    |    |    |    |    |    |    |    |    |    |    |    |    |   |   |
| 7 7   |   |   |    |    |    |    |    |    |    |    |    |    |    |    |    |    |   |   |
| 18    |   |   |    |    |    |    |    |    |    |    |    |    |    |    |    |    |   |   |
| 18    |   |   |    |    |    |    |    |    |    |    |    |    |    |    |    |    |   |   |
| 18    |   |   |    |    |    |    |    |    |    |    |    |    |    |    |    |    |   |   |
| 18    |   |   |    |    |    |    |    |    |    |    |    |    |    |    |    |    |   |   |
| 16    |   |   |    |    |    |    |    |    |    |    |    |    |    |    |    |    |   |   |
| 16    |   |   |    |    |    |    |    |    |    |    |    |    |    |    |    |    |   |   |
| 14    |   |   |    |    |    |    |    |    |    |    |    |    |    |    |    |    |   |   |
| 14    |   |   |    |    |    |    |    |    |    |    |    |    |    |    |    |    |   |   |
| 12    |   |   |    |    |    |    |    |    |    |    |    |    |    |    |    |    |   |   |
| 10    |   |   |    |    |    |    |    |    |    |    |    |    |    |    |    |    |   |   |
| 8     |   |   |    |    |    |    |    |    |    |    |    |    |    |    |    |    |   |   |
| 6     |   |   |    |    |    |    |    |    |    |    |    |    |    |    |    |    |   |   |
| 4     |   |   |    |    |    |    |    |    |    |    |    |    |    |    |    |    |   |   |

# Nono nr 10

|   |   |   |   | | 4 | 5 | 5 4 | 4 5 | 1 6 | 7 6 | 7 7 | 4 8 | 8 | 5 8 | 8 6 | 5 6 | 4 5 | 5 3 | 5 | 6 |
|---|---|---|---|---|---|---|---|---|---|---|---|---|---|---|---|---|---|---|---|---|
|   |   | 2 | 1 | | | | | | | | | | | | | | | | | |
|   |   | 2 | 1 | | | | | | | | | | | | | | | | | |
|   |   | 4 | 3 | | | | | | | | | | | | | | | | | |
| 1 | 4 | 3 | 1 | | | | | | | | | | | | | | | | | |
| 1 | 4 | 3 | 1 | | | | | | | | | | | | | | | | | |
| 2 | 4 | 3 | 2 | | | | | | | | | | | | | | | | | |
| 3 | 2 | 3 | 3 | | | | | | | | | | | | | | | | | |
|   | 3 | 1 | 4 | | | | | | | | | | | | | | | | | |
|   |   | 3 | 4 | | | | | | | | | | | | | | | | | |
|   | 4 | 3 | 3 | | | | | | | | | | | | | | | | | |
|   | 2 | 4 | 2 | | | | | | | | | | | | | | | | | |
|   |   |   | 6 | | | | | | | | | | | | | | | | | |
|   |   |   | 8 | | | | | | | | | | | | | | | | | |
|   |   |   | 11 | | | | | | | | | | | | | | | | | |
|   |   |   | 12 | | | | | | | | | | | | | | | | | |
|   |   |   | 12 | | | | | | | | | | | | | | | | | |
|   |   |   | 12 | | | | | | | | | | | | | | | | | |
|   |   | 2 | 2 | | | | | | | | | | | | | | | | | |

# Nono nr 11

**Columns (left to right):**
1. 6
2. 6
3. 2
4. 12
5. 4, 3, 2
6. 2, 1, 2, 1
7. 2, 2, 2, 3
8. 2, 2, 4
9. 4, 2, 4
10. 4, 2, 4
11. 2, 2, 4
12. 2, 2, 2, 3
13. 2, 1, 2, 1
14. 4, 3, 2
15. 12
16. 2
17. 6
18. 6

**Rows (top to bottom):**
1. 2
2. 2
3. 2
4. 6
5. 4, 4
6. 2, 2
7. 2, 2
8. 2, 1, 1, 2
9. 1, 2, 2, 1
10. 2, 2
11. 16
12. 18
13. 2, 1, 1, 2
14. 2, 1, 1, 2
15. 2, 1, 1, 2
16. 2, 1, 1, 2
17. 1, 2, 6, 2, 1
18. 12
19. 6
20. 4

# Nono nr 12

| | 6 | 9 | 11 | 12 | 8 3 | 7 3 | 4 3 | 3 | 3 | 3 | 2 | 3 | 4 | 5 | 6 | 7 | 7 | 7 | 7 | 6 |
|---|---|---|---|---|---|---|---|---|---|---|---|---|---|---|---|---|---|---|---|---|
| 6 | | | | | | | | | | | | | | | | | | | | |
| 7 | | | | | | | | | | | | | | | | | | | | |
| 7 | | | | | | | | | | | | | | | | | | | | |
| 7 | | | | | | | | | | | | | | | | | | | | |
| 7 | | | | | | | | | | | | | | | | | | | | |
| 6 | | | | | | | | | | | | | | | | | | | | |
| 5 | | | | | | | | | | | | | | | | | | | | |
| 4 | | | | | | | | | | | | | | | | | | | | |
| 3 | | | | | | | | | | | | | | | | | | | | |
| 2 | | | | | | | | | | | | | | | | | | | | |
| 3 | | | | | | | | | | | | | | | | | | | | |
| 3 | | | | | | | | | | | | | | | | | | | | |
| 3 | | | | | | | | | | | | | | | | | | | | |
| 3 4 | | | | | | | | | | | | | | | | | | | | |
| 3 7 | | | | | | | | | | | | | | | | | | | | |
| 3 8 | | | | | | | | | | | | | | | | | | | | |
| 12 | | | | | | | | | | | | | | | | | | | | |
| 11 | | | | | | | | | | | | | | | | | | | | |
| 9 | | | | | | | | | | | | | | | | | | | | |
| 6 | | | | | | | | | | | | | | | | | | | | |

# Nono nr 13

|   | | 1 | 2 | 3 4 | 1 1 8 | 16 | 9 5 | 6 | 7 | 8 | 9 | 9 | 10 | 11 | 11 | 11 | 9 1 | 8 1 | 6 | 3 | 1 |
|---|---|---|---|---|---|---|---|---|---|---|---|---|---|---|---|---|---|---|---|---|---|
|   | 3 | | | | | | | | | | | | | | | | | | | | |
| 2 | 2 | | | | | | | | | | | | | | | | | | | | |
|   | 5 | | | | | | | | | | | | | | | | | | | | |
| 1 | 2 | | | | | | | | | | | | | | | | | | | | |
|   | 2 | | | | | | | | | | | | | | | | | | | | |
| 2 | 4 | | | | | | | | | | | | | | | | | | | | |
| 2 | 6 | | | | | | | | | | | | | | | | | | | | |
| 2 | 9 | | | | | | | | | | | | | | | | | | | | |
| 3 | 11 | | | | | | | | | | | | | | | | | | | | |
| 3 | 13 | | | | | | | | | | | | | | | | | | | | |
| 2 | 13 | | | | | | | | | | | | | | | | | | | | |
|   | 15 | | | | | | | | | | | | | | | | | | | | |
|   | 16 | | | | | | | | | | | | | | | | | | | | |
|   | 15 | | | | | | | | | | | | | | | | | | | | |
|   | 13 | | | | | | | | | | | | | | | | | | | | |
|   | 15 | | | | | | | | | | | | | | | | | | | | |

# Nono nr 14

## Column clues (left to right)

| Col | Clues |
|---|---|
| 1 | 1 |
| 2 | 2 |
| 3 | 3, 1 |
| 4 | 3, 1, 1 |
| 5 | 2, 1, 1, 1 |
| 6 | 2, 1, 1, 1 |
| 7 | 2, 1, 1, 1 |
| 8 | 2, 1, 1, 1 |
| 9 | 14, 1 |
| 10 | 14, 1 |
| 11 | 2, 2, 4, 1 |
| 12 | 2, 2, 1, 2, 1 |
| 13 | 2, 2, 1, 2, 1 |
| 14 | 2, 2, 1, 2, 1 |
| 15 | 3, 2, 1 |
| 16 | 4, 1 |
| 17 | 3, 1 |
| 18 | 3, 1 |
| 19 | 1, 1 |
| 20 | 4 |

## Row clues (top to bottom)

| Row | Clues |
|---|---|
| 1 | 5 |
| 2 | 5 |
| 3 | 1 |
| 4 | 3 |
| 5 | 4 |
| 6 | 3, 1 |
| 7 | 1, 2, 1 |
| 8 | 1, 2, 1 |
| 9 | 1, 2, 1 |
| 10 | 1, 2, 1 |
| 11 | 1, 2, 1 |
| 12 | 1, 2, 1 |
| 13 | 1, 2, 1 |
| 14 | 1, 8 |
| 15 | 7, 1, 3 |
| 16 | 1, 1, 8 |
| 17 | 20 |
| 18 | 1, 1 |
| 19 | 1, 1 |
| 20 | 17 |

# Nono nr 15

Column clues (left to right):
- 2, 2
- 6
- 4
- 2
- 2
- 2, 2, 2
- 5, 2, 2, 5
- 7, 2, 2, 7
- 16
- 12
- 8
- 6
- 2
- 2
- 2
- 2
- 2
- 0
- 0

Row clues (top to bottom):
- 2
- 3
- 3
- 3
- 4
- 3
- 4
- 2, 5
- 3, 4
- 16
- 16
- 3, 4
- 2, 5
- 4
- 3
- 4
- 3
- 3
- 3
- 2

# Nono nr 16

|  | 7 | 8 | 4,6 | 6,6 | 2,10 | 1,8 | 1,8 | 1,8 | 1,8 | 1,8 | 1,8 | 1,8 | 1,8 | 1,8 | 2,10 | 6,6 | 4,6 | 8 | 7 |
|---|---|---|---|---|---|---|---|---|---|---|---|---|---|---|---|---|---|---|---|
| 12 | | | | | | | | | | | | | | | | | | | |
| 2 2 | | | | | | | | | | | | | | | | | | | |
| 1 1 | | | | | | | | | | | | | | | | | | | |
| 2 2 | | | | | | | | | | | | | | | | | | | |
| 2 2 | | | | | | | | | | | | | | | | | | | |
| 18 | | | | | | | | | | | | | | | | | | | |
| 20 | | | | | | | | | | | | | | | | | | | |
| 2 12 2 | | | | | | | | | | | | | | | | | | | |
| 2 12 2 | | | | | | | | | | | | | | | | | | | |
| 2 12 2 | | | | | | | | | | | | | | | | | | | |
| 20 | | | | | | | | | | | | | | | | | | | |
| 20 | | | | | | | | | | | | | | | | | | | |
| 20 | | | | | | | | | | | | | | | | | | | |
| 3 3 | | | | | | | | | | | | | | | | | | | |
| 3 3 | | | | | | | | | | | | | | | | | | | |
| 2 2 | | | | | | | | | | | | | | | | | | | |

# Nono nr 17

|  | 7 | 8 | 3 | 4 | 4 | 20 | 2<br>12 | 7<br>5 | 7<br>5 | 2<br>4 | 17 | 17 |
|---|---|---|---|---|---|---|---|---|---|---|---|---|
| 7 | | | | | | | | | | | | |
| 7 | | | | | | | | | | | | |
| 1 2 2 | | | | | | | | | | | | |
| 1 2 2 | | | | | | | | | | | | |
| 1 2 2 | | | | | | | | | | | | |
| 1 2 2 | | | | | | | | | | | | |
| 1 2 2 | | | | | | | | | | | | |
| 1 2 | | | | | | | | | | | | |
| 7 | | | | | | | | | | | | |
| 11 | | | | | | | | | | | | |
| 12 | | | | | | | | | | | | |
| 12 | | | | | | | | | | | | |
| 2 6 2 | | | | | | | | | | | | |
| 2 2 2 | | | | | | | | | | | | |
| 2 2 2 | | | | | | | | | | | | |
| 2 2 2 | | | | | | | | | | | | |
| 2 2 2 | | | | | | | | | | | | |
| 2 | | | | | | | | | | | | |
| 2 | | | | | | | | | | | | |
| 2 | | | | | | | | | | | | |

# Nono nr 18

| | | | | | | | | | | | | | | | | | | | | |
|---|---|---|---|---|---|---|---|---|---|---|---|---|---|---|---|---|---|---|---|---|
| | 11 | 12 | 3 | 2<br>1 | 2<br>1 | 2<br>1 | 2<br>1 | 2<br>4 | 1<br>4 | 1<br>1 | 1<br>1 | 1<br>11 | 1<br>12 | 1<br>2 | 1<br>2 | 1<br>2 | 1<br>2 | 3 | 11 | 10 |
| 12 | | | | | | | | | | | | | | | | | | | | |
| 2 3 | | | | | | | | | | | | | | | | | | | | |
| 2 4 | | | | | | | | | | | | | | | | | | | | |
| 2 2 2 | | | | | | | | | | | | | | | | | | | | |
| 2 2 2 | | | | | | | | | | | | | | | | | | | | |
| 2 2 2 | | | | | | | | | | | | | | | | | | | | |
| 2 2 2 | | | | | | | | | | | | | | | | | | | | |
| 13 2 | | | | | | | | | | | | | | | | | | | | |
| 2 2 2 2 | | | | | | | | | | | | | | | | | | | | |
| 2 2 2 2 | | | | | | | | | | | | | | | | | | | | |
| 2 2 2 2 | | | | | | | | | | | | | | | | | | | | |
| 2 2 | | | | | | | | | | | | | | | | | | | | |
| 2 2 | | | | | | | | | | | | | | | | | | | | |
| 2 2 | | | | | | | | | | | | | | | | | | | | |
| 2 2 | | | | | | | | | | | | | | | | | | | | |
| 2 2 | | | | | | | | | | | | | | | | | | | | |
| 2 2 | | | | | | | | | | | | | | | | | | | | |
| 2 2 | | | | | | | | | | | | | | | | | | | | |

# Nono nr 19

| | 6 | 3 1 1 | 1 1 1 | 1 1 1 1 | 1 1 1 1 | 1 1 1 | 5 1 | 1 1 1 | 1 1 1 | 1 1 1 | 2 1 1 | 3 1 1 | 7 1 | 3 1 1 | 3 1 1 1 | 3 1 1 1 | 3 1 1 | 2 1 1 | 1 1 1 | 8 |
|---|---|---|---|---|---|---|---|---|---|---|---|---|---|---|---|---|---|---|---|---|
| 6 | | | | | | | | | | | | | | | | | | | | |
| 8 | | | | | | | | | | | | | | | | | | | | |
| 19 | | | | | | | | | | | | | | | | | | | | |
| 1 1 1 1 | | | | | | | | | | | | | | | | | | | | |
| 2 1 1 1 | | | | | | | | | | | | | | | | | | | | |
| 1 1 1 1 | | | | | | | | | | | | | | | | | | | | |
| 20 | | | | | | | | | | | | | | | | | | | | |
| 1 1 | | | | | | | | | | | | | | | | | | | | |
| 1 2 2 1 | | | | | | | | | | | | | | | | | | | | |
| 3 9 4 | | | | | | | | | | | | | | | | | | | | |
| 2 2 | | | | | | | | | | | | | | | | | | | | |

# Nono nr 20

| | | 8 | 10 | 10 | 10 | 0 | 8 | 9 | 10 | 13 | 15 | 16 | 20 | 20 | 4<br>12 | 12 | 12 | 12 | 11 | 9 |
|---|---|---|---|---|---|---|---|---|---|---|---|---|---|---|---|---|---|---|---|---|
| | 2 | | | | | | | | | | | | | | | | | | | |
| | 3 | | | | | | | | | | | | | | | | | | | |
| | 3 | | | | | | | | | | | | | | | | | | | |
| | 3 | | | | | | | | | | | | | | | | | | | |
| | 4 | | | | | | | | | | | | | | | | | | | |
| | 4 | | | | | | | | | | | | | | | | | | | |
| | 4 | | | | | | | | | | | | | | | | | | | |
| | 5 | | | | | | | | | | | | | | | | | | | |
| | 11 | | | | | | | | | | | | | | | | | | | |
| | 12 | | | | | | | | | | | | | | | | | | | |
| 3 | 13 | | | | | | | | | | | | | | | | | | | |
| 4 | 14 | | | | | | | | | | | | | | | | | | | |
| 4 | 14 | | | | | | | | | | | | | | | | | | | |
| 4 | 14 | | | | | | | | | | | | | | | | | | | |
| 4 | 14 | | | | | | | | | | | | | | | | | | | |
| 4 | 14 | | | | | | | | | | | | | | | | | | | |
| 4 | 14 | | | | | | | | | | | | | | | | | | | |
| 4 | 13 | | | | | | | | | | | | | | | | | | | |
| 4 | 13 | | | | | | | | | | | | | | | | | | | |
| 3 | 9 | | | | | | | | | | | | | | | | | | | |

# Nono nr 21

| | 1 1 | 13 | 14 | 4 1 | 2 2 2 | 1 13 | 5 1 | 5 7 | 2 5 2 1 | 3 2 1 1 1 | 3 2 1 1 1 | 2 5 2 1 | 5 7 | 5 1 | 1 13 | 2 2 1 | 4 2 | 14 | 13 | 1 1 |
|---|---|---|---|---|---|---|---|---|---|---|---|---|---|---|---|---|---|---|---|---|
| 2 | | | | | | | | | | | | | | | | | | | | |
| 2 | | | | | | | | | | | | | | | | | | | | |
| 12 | | | | | | | | | | | | | | | | | | | | |
| 2 3 3 2 | | | | | | | | | | | | | | | | | | | | |
| 2 2 2 2 | | | | | | | | | | | | | | | | | | | | |
| 18 | | | | | | | | | | | | | | | | | | | | |
| 20 | | | | | | | | | | | | | | | | | | | | |
| 2 1 1 1 1 2 | | | | | | | | | | | | | | | | | | | | |
| 2 1 1 1 1 2 | | | | | | | | | | | | | | | | | | | | |
| 2 1 4 1 2 | | | | | | | | | | | | | | | | | | | | |
| 2 1 1 2 | | | | | | | | | | | | | | | | | | | | |
| 2 1 6 1 2 | | | | | | | | | | | | | | | | | | | | |
| 2 1 2 2 1 2 | | | | | | | | | | | | | | | | | | | | |
| 2 1 1 1 1 2 | | | | | | | | | | | | | | | | | | | | |
| 2 1 1 1 1 2 | | | | | | | | | | | | | | | | | | | | |
| 2 1 1 1 1 2 | | | | | | | | | | | | | | | | | | | | |
| 2 2 1 1 1 3 | | | | | | | | | | | | | | | | | | | | |
| 20 | | | | | | | | | | | | | | | | | | | | |

# Nono nr 22

| | | | | | | | | | | | | | | | | | | | | |
|---|---|---|---|---|---|---|---|---|---|---|---|---|---|---|---|---|---|---|---|---|
| | | | | | | | | 1 | 1 | 1 | 1 | 1 | 1 | | | | | | | |
| | | | 3 | 1 | 1 | 1 | 1 | 2 | 2 | 2 | 2 | 2 | 2 | 1 | 1 | 1 | 1 | 3 | | |
| | 5 | 8 | 2 | 2 | 2 | 2 | 9 | 1 | 1 | 1 | 1 | 1 | 1 | 9 | 2 | 2 | 2 | 2 | 8 | 5 |
| 10 | | | | | | | | | | | | | | | | | | | | |
| 1 1 | | | | | | | | | | | | | | | | | | | | |
| 1 1 | | | | | | | | | | | | | | | | | | | | |
| 1 1 | | | | | | | | | | | | | | | | | | | | |
| 2 2 | | | | | | | | | | | | | | | | | | | | |
| 2 2 | | | | | | | | | | | | | | | | | | | | |
| 2 2 | | | | | | | | | | | | | | | | | | | | |
| 2 2 | | | | | | | | | | | | | | | | | | | | |
| 2 2 | | | | | | | | | | | | | | | | | | | | |
| 2 2 | | | | | | | | | | | | | | | | | | | | |
| 20 | | | | | | | | | | | | | | | | | | | | |
| 18 | | | | | | | | | | | | | | | | | | | | |
| 1 1 | | | | | | | | | | | | | | | | | | | | |
| 1 1 | | | | | | | | | | | | | | | | | | | | |
| 1 1 | | | | | | | | | | | | | | | | | | | | |
| 1 1 | | | | | | | | | | | | | | | | | | | | |
| 1 1 | | | | | | | | | | | | | | | | | | | | |
| 1 1 | | | | | | | | | | | | | | | | | | | | |
| 1 1 | | | | | | | | | | | | | | | | | | | | |
| 6 | | | | | | | | | | | | | | | | | | | | |

# Nono nr 23

| | 9 | 9 | 9 | 9 3 | 6 5 | 4 7 | 4 9 | 3 11 | 3 11 | 2 11 | 2 1 2 2 | 3 11 | 3 11 | 3 10 | 4 8 | 6 5 | 9 3 | 9 1 | 9 | 9 |
|---|---|---|---|---|---|---|---|---|---|---|---|---|---|---|---|---|---|---|---|---|
| 20 | | | | | | | | | | | | | | | | | | | | |
| 20 | | | | | | | | | | | | | | | | | | | | |
| 9 9 | | | | | | | | | | | | | | | | | | | | |
| 7 6 | | | | | | | | | | | | | | | | | | | | |
| 5 5 | | | | | | | | | | | | | | | | | | | | |
| 5 5 | | | | | | | | | | | | | | | | | | | | |
| 4 6 4 | | | | | | | | | | | | | | | | | | | | |
| 4 3 3 4 | | | | | | | | | | | | | | | | | | | | |
| 4 4 3 4 | | | | | | | | | | | | | | | | | | | | |
| 9 | | | | | | | | | | | | | | | | | | | | |
| 10 | | | | | | | | | | | | | | | | | | | | |
| 5 4 | | | | | | | | | | | | | | | | | | | | |
| 6 5 | | | | | | | | | | | | | | | | | | | | |
| 12 | | | | | | | | | | | | | | | | | | | | |
| 14 | | | | | | | | | | | | | | | | | | | | |
| 7 6 | | | | | | | | | | | | | | | | | | | | |
| 7 7 | | | | | | | | | | | | | | | | | | | | |

# Nono nr24

Column clues:

| | | | | | | | | | | | | | | | |
|---|---|---|---|---|---|---|---|---|---|---|---|---|---|---|---|
| | | | 1 | 1 | 1 | 1 | 1 | 1 | 1 | | | | | | |
| | | 1 | 1 | 1 | 1 | 1 | 1 | 1 | 1 | 1 | 2 | | | | |
| | | 4 | 1 | 1 | 1 | 1 | 1 | 1 | 1 | 4 | 1 | 9 | 2 | 5 | |
| 1 | 19 | 1 | 1 | 1 | 1 | 1 | 1 | 1 | 1 | 1 | 1 | 1 | 11 | 1 | 15 |

Row clues:

| | | | |
|---|---|---|---|
| | | | 12 |
| | | 1 | 4 |
| 1 | 7 | 1 | 1 |
| 2 | 1 | 1 | 2 |
| 2 | 1 | 1 | 2 |
| 2 | 1 | 1 | 2 |
| 2 | 1 | 1 | 1 |
| 1 | 7 | 2 | 1 |
| | 1 | 2 | 1 |
| | 1 | 1 | 1 |
| | 1 | 1 | 1 |
| | 1 | 1 | 1 |
| | 1 | 1 | 1 |
| | 1 | 1 | 1 |
| | 1 | 1 | 1 |
| | 1 | 1 | 1 |
| | 1 | 1 | 1 |
| | | 1 | 3 |
| | | 1 | 1 |
| | | | 13 |

# Nono nr 25

## Column clues

| | 4 | 4 | 1/2/1 | 1/6 | 1/3/3 | 10/2/2 | 13/2/1/2 | 2/1/1/3/2 | 3/7/6 | 4/6/2 | 5/2/1/2 | 8/1/5 | 7/1/3/2 | 1/1/2/1/2 | 1/1/2/1/2 | 1/3/2 | 1/6 | 1/2/1 | 4 | 4 |
|---|---|---|---|---|---|---|---|---|---|---|---|---|---|---|---|---|---|---|---|---|

## Row clues

- 1
- 1
- 7
- 8
- 2 5
- 2 4
- 4 3
- 2 2 4
- 2 5
- 2 4
- 2 2
- 2 2
- 20
- 2 2
- 20
- 20
- 2 2 2 2
- 2 2 1 1 2 2
- 2 2 2 1
- 6 5
- 3 3

# Nono nr 26

## Column clues (left to right)
3, 0, 5, 5/2, 5/2, 5/1, 5/1, 5/3/2, 5/3/7, 5/3/2/1, 5/3/2, 5/1, 6/1, 7/2, 7/2, 0, 9, 9

## Row clues (top to bottom)
- 2
- 2 2
- 13 2
- 1 13 2
- 1 13 2
- 1 13 2
- 13 2
- 3 2
- 4 2
- 4
- 4
- 0
- 2
- 4
- 2 1
- 1 1 1
- 1 1 1
- 1 1 1
- 2 2 2
- 1 1

# Nono nr 27

| | 6 | 3 1 | 3 1 | 3 1 1 | 2 2 1 | 2 1 1 | 2 1 1 | 2 1 1 | 6 | 2 | 2 | 6 | 2 1 1 | 2 1 1 | 2 1 1 | 2 2 1 | 2 1 1 | 2 1 1 | 4 1 | 7 |
|---|---|---|---|---|---|---|---|---|---|---|---|---|---|---|---|---|---|---|---|---|
| 1 1 | | | | | | | | | | | | | | | | | | | | |
| 2 2 | | | | | | | | | | | | | | | | | | | | |
| 2 2 | | | | | | | | | | | | | | | | | | | | |
| 2 2 | | | | | | | | | | | | | | | | | | | | |
| 2 2 | | | | | | | | | | | | | | | | | | | | |
| 1 2 | | | | | | | | | | | | | | | | | | | | |
| 2 2 | | | | | | | | | | | | | | | | | | | | |
| 2 2 | | | | | | | | | | | | | | | | | | | | |
| 9 9 | | | | | | | | | | | | | | | | | | | | |
| 2 1 1 1 1 2 | | | | | | | | | | | | | | | | | | | | |
| 1 4 1 | | | | | | | | | | | | | | | | | | | | |
| 1 4 1 | | | | | | | | | | | | | | | | | | | | |
| 1 1 1 1 | | | | | | | | | | | | | | | | | | | | |
| 9 9 | | | | | | | | | | | | | | | | | | | | |
| 0 | | | | | | | | | | | | | | | | | | | | |
| 0 | | | | | | | | | | | | | | | | | | | | |

# Nono nr 28

## Column clues

| | 14 | 1 1 1 1 | 6 1 1 1 | 1 1 1 1 1 | 1 1 1 1 1 | 1 1 1 1 1 | 5 1 1 1 | 1 1 1 1 | 1 1 1 1 | 14 |
|---|---|---|---|---|---|---|---|---|---|---|

## Row clues

- 5
- 1 1
- 3 1
- 1 1
- 5
- 1 1
- 1 1
- 1 1
- 1 1
- 10
- 1 1
- 1 1
- 1 1
- 1 1
- 1 1
- 1 1
- 1 1
- 10
- 1 1
- 1 1
- 10

# Nono nr 29

**Column clues (left to right):**

1. 2
2. 2
3. 2
4. 2, 8
5. 1, 1, 1
6. 1, 1, 1
7. 1, 1, 1
8. 1, 1, 1
9. 1, 1, 1
10. 2, 1, 1
11. 2, 1, 1
12. 1, 1, 1
13. 1, 1, 1
14. 1, 1, 1
15. 1, 1, 1
16. 1, 1, 1
17. 2, 8
18. 2
19. 2
20. 2

**Row clues (top to bottom):**

1. 2
2. 12
3. 1, 1
4. 14
5. 3, 3
6. 3, 3
7. 1, 1
8. 1, 1
9. 1, 1
10. 1, 1
11. 1, 1
12. 1, 1
13. 1, 1
14. 14

# Nono nr 30

|   |   | 4 | 1 | 4 | 1<br>1 | 2<br>4 | 1<br>1<br>3 | 1<br>17 | 1<br>17 | 1<br>1<br>3 | 2<br>4 | 1<br>1 | 4 | 1 | 4 |
|---|---|---|---|---|---|---|---|---|---|---|---|---|---|---|---|
| | 8 | | | | | | | | | | | | | | |
| 1 1 | | | | | | | | | | | | | | | |
| 1 1 | | | | | | | | | | | | | | | |
| | 2 | | | | | | | | | | | | | | |
| | 2 | | | | | | | | | | | | | | |
| | 2 | | | | | | | | | | | | | | |
| | 2 | | | | | | | | | | | | | | |
| | 2 | | | | | | | | | | | | | | |
| | 2 | | | | | | | | | | | | | | |
| | 2 | | | | | | | | | | | | | | |
| | 2 | | | | | | | | | | | | | | |
| | 2 | | | | | | | | | | | | | | |
| | 2 | | | | | | | | | | | | | | |
| | 2 | | | | | | | | | | | | | | |
| | 4 | | | | | | | | | | | | | | |
| | 4 | | | | | | | | | | | | | | |
| | 14 | | | | | | | | | | | | | | |
| 1 1 1 2 1 1 1 | | | | | | | | | | | | | | | |
| 1 1 1 2 1 1 1 | | | | | | | | | | | | | | | |
| 1 1 1 2 1 1 1 | | | | | | | | | | | | | | | |

# Nono nr31

| | | | | | | | | | | | | | | | | |
|---|---|---|---|---|---|---|---|---|---|---|---|---|---|---|---|---|
| | 3 | 1 1 | 1 2 | 1 1 | 1 1 | 1 3 | 1 2 | 1 15 | 1 1 1 1 1 | 1 15 | 1 1 | 6 | 2 1 | 6 | 1 1 | 6 |
| 9 3 | | | | | | | | | | | | | | | | |
| 1 3 1 | | | | | | | | | | | | | | | | |
| 1 3 1 | | | | | | | | | | | | | | | | |
| 1 4 1 1 1 | | | | | | | | | | | | | | | | |
| 3 1 3 1 | | | | | | | | | | | | | | | | |
| 1 7 3 | | | | | | | | | | | | | | | | |
| 2 1 | | | | | | | | | | | | | | | | |
| 1 1 | | | | | | | | | | | | | | | | |
| 1 1 | | | | | | | | | | | | | | | | |
| 1 1 | | | | | | | | | | | | | | | | |
| 1 1 | | | | | | | | | | | | | | | | |
| 1 1 | | | | | | | | | | | | | | | | |
| 1 1 | | | | | | | | | | | | | | | | |
| 3 | | | | | | | | | | | | | | | | |
| 1 1 | | | | | | | | | | | | | | | | |
| 1 1 | | | | | | | | | | | | | | | | |
| 3 | | | | | | | | | | | | | | | | |
| 1 1 | | | | | | | | | | | | | | | | |
| 1 1 | | | | | | | | | | | | | | | | |
| 3 | | | | | | | | | | | | | | | | |

# Nono nr 32

|       |   |   | 4 | 6 | 2 2 | 2 2 | 2 2 1 | 2 2 | 2 2 3 | 6 | 4 | 2 | 2 | 2 | 2 | 2 | 5 | 5 | 2 | 2 | 5 | 5 |
|---|---|---|---|---|---|---|---|---|---|---|---|---|---|---|---|---|---|---|---|---|---|---|
|   |   | 1 |   |   |   |   |   |   |   |   |   |   |   |   |   |   |   |   |   |   |   |   |
|   |   | 5 |   |   |   |   |   |   |   |   |   |   |   |   |   |   |   |   |   |   |   |   |
|   | 3 | 3 |   |   |   |   |   |   |   |   |   |   |   |   |   |   |   |   |   |   |   |   |
|   | 2 | 2 |   |   |   |   |   |   |   |   |   |   |   |   |   |   |   |   |   |   |   |   |
|   | 2 | 13 |   |   |   |   |   |   |   |   |   |   |   |   |   |   |   |   |   |   |   |   |
|   | 2 | 13 |   |   |   |   |   |   |   |   |   |   |   |   |   |   |   |   |   |   |   |   |
| 2 3 | 2 | 2 |   |   |   |   |   |   |   |   |   |   |   |   |   |   |   |   |   |   |   |   |
| 3 3 | 2 | 2 |   |   |   |   |   |   |   |   |   |   |   |   |   |   |   |   |   |   |   |   |
|   | 5 2 | 2 |   |   |   |   |   |   |   |   |   |   |   |   |   |   |   |   |   |   |   |   |

# Nono nr 33

| | | | | | | | | | | | | | | | | |
|---|---|---|---|---|---|---|---|---|---|---|---|---|---|---|---|---|
| | | | | | | | | 1 | 1 | | | | | | | |
| | | | | | 2 | 1 | 1 | 1 | 1 | 1 | 1 | 2 | | | | |
| | | 2 | 1 | 7 | 1 | 1 | 1 | 3 | 3 | 1 | 1 | 1 | 7 | 1 | 2 | |
| | 10 | 2 | 1 | 1 | 1 | 1 | 1 | 1 | 1 | 1 | 1 | 1 | 1 | 1 | 2 | 10 |
| 6 | | | | | | | | | | | | | | | | |
| 1 1 | | | | | | | | | | | | | | | | |
| 2 2 | | | | | | | | | | | | | | | | |
| 1 1 | | | | | | | | | | | | | | | | |
| 1 1 | | | | | | | | | | | | | | | | |
| 1 1 | | | | | | | | | | | | | | | | |
| 1 1 | | | | | | | | | | | | | | | | |
| 1 1 | | | | | | | | | | | | | | | | |
| 14 | | | | | | | | | | | | | | | | |
| 2 2 | | | | | | | | | | | | | | | | |
| 1 1 | | | | | | | | | | | | | | | | |
| 1 1 | | | | | | | | | | | | | | | | |
| 1 2 1 | | | | | | | | | | | | | | | | |
| 1 2 1 | | | | | | | | | | | | | | | | |
| 1 2 1 | | | | | | | | | | | | | | | | |
| 1 1 | | | | | | | | | | | | | | | | |
| 1 1 | | | | | | | | | | | | | | | | |
| 1 1 | | | | | | | | | | | | | | | | |
| 2 2 | | | | | | | | | | | | | | | | |
| 14 | | | | | | | | | | | | | | | | |

# Nono nr 34

Column clues (left to right):
- 16
- 2, 2
- 2, 2
- 2, 2
- 16
- 2, 2
- 4, 2
- 1, 2, 2
- 1, 2, 2
- 1, 2, 2
- 1, 2, 2
- 1, 2, 2
- 1, 2, 2
- 4, 2
- 2, 2
- 16
- 2, 2
- 2, 2
- 2, 2
- 16

Row clues (top to bottom):
- 8
- 1, 1
- 20
- 20
- 1, 1, 1, 1
- 1, 1, 1, 1
- 1, 1, 1, 1
- 1, 1, 1, 1
- 1, 1, 1, 1
- 1, 1, 1, 1
- 1, 1, 1, 1
- 1, 1, 1, 1
- 1, 1, 1, 1
- 1, 1, 1, 1
- 1, 1, 1, 1
- 1, 1, 1, 1
- 1, 1, 1, 1
- 20
- 20

# Nono nr 35

## Column clues (left to right, 20 columns)

| Col | Clues |
|---|---|
| 1 | 14 |
| 2 | 2, 1 |
| 3 | 3, 2 |
| 4 | 1, 2, 3 |
| 5 | 1, 2, 2, 1 |
| 6 | 1, 2, 2, 1 |
| 7 | 1, 2, 2, 1 |
| 8 | 1, 3, 1 |
| 9 | 1, 2, 1 |
| 10 | 1, 2, 1 |
| 11 | 1, 2, 1 |
| 12 | 1, 2, 1 |
| 13 | 1, 3, 1 |
| 14 | 1, 2, 2, 1 |
| 15 | 1, 2, 2, 1 |
| 16 | 1, 2, 2, 1 |
| 17 | 1, 2, 3 |
| 18 | 1, 1, 2 |
| 19 | 2, 1 |
| 20 | 14 |

## Row clues (top to bottom, 15 rows)

| Row | Clues |
|---|---|
| 1 | 20 |
| 2 | 3, 2 |
| 3 | 1, 2, 2, 1 |
| 4 | 1, 2, 2, 1 |
| 5 | 1, 2, 2, 1 |
| 6 | 1, 2, 2, 1 |
| 7 | 1, 2, 2, 1 |
| 8 | 1, 2, 2, 1 |
| 9 | 1, 8, 1 |
| 10 | 1, 2, 2, 2, 1 |
| 11 | 1, 2, 2, 1 |
| 12 | 1, 2, 2, 1 |
| 13 | 1, 2, 2, 1 |
| 14 | 20 |

# Nono nr 36

| | | | | | | | | | | | | | | | | | | | | |
|---|---|---|---|---|---|---|---|---|---|---|---|---|---|---|---|---|---|---|---|---|
| | | | | | | | | 3 | 2 | 2 | 2 | 2 | 3 | | | | | | | |
| | | | | | | | 3 | 2 | 1 | 1 | 1 | 1 | 2 | 3 | | | | | | |
| | | | 2 | 2 | 2 | 3 | 6 | 2 | 1 | 1 | 1 | 1 | 2 | 6 | 2 | 2 | 2 | 2 | | |
| | 13 | 13 | 2 | 2 | 2 | 2 | 2 | 2 | 2 | 2 | 2 | 2 | 2 | 2 | 2 | 2 | 2 | 2 | 13 | 13 |
| 6 | | | | | | | | | | | | | | | | | | | | |
| 8 | | | | | | | | | | | | | | | | | | | | |
| 3 2 | | | | | | | | | | | | | | | | | | | | |
| 7 7 | | | | | | | | | | | | | | | | | | | | |
| 6 6 | | | | | | | | | | | | | | | | | | | | |
| 2 6 2 | | | | | | | | | | | | | | | | | | | | |
| 2 2 2 2 | | | | | | | | | | | | | | | | | | | | |
| 2 1 1 2 | | | | | | | | | | | | | | | | | | | | |
| 2 1 1 2 | | | | | | | | | | | | | | | | | | | | |
| 2 1 1 2 | | | | | | | | | | | | | | | | | | | | |
| 2 1 1 2 | | | | | | | | | | | | | | | | | | | | |
| 2 2 2 2 | | | | | | | | | | | | | | | | | | | | |
| 2 6 2 | | | | | | | | | | | | | | | | | | | | |
| 2 2 | | | | | | | | | | | | | | | | | | | | |
| 20 | | | | | | | | | | | | | | | | | | | | |
| 20 | | | | | | | | | | | | | | | | | | | | |

# Nono nr37

| | | | | | | | | | | | | | | | | | | | | |
|---|---|---|---|---|---|---|---|---|---|---|---|---|---|---|---|---|---|---|---|---|
| | | | | | 3 | | | | | | | | | | | 3 | | | | |
| | | | | | 1 | 3 | | | | | | | | | 3 | 1 | | | | |
| | 7 | 8 | 12 | 13 | 1 | 7 | 3 | 2 | 2 | 2 | 2 | 2 | 2 | 3 | 7 | 1 | 13 | 12 | 8 | 7 |
| 8 | | | | | | | | | | | | | | | | | | | | |
| 10 | | | | | | | | | | | | | | | | | | | | |
| 3 3 | | | | | | | | | | | | | | | | | | | | |
| 3 3 | | | | | | | | | | | | | | | | | | | | |
| 3 3 | | | | | | | | | | | | | | | | | | | | |
| 2 2 | | | | | | | | | | | | | | | | | | | | |
| 2 2 | | | | | | | | | | | | | | | | | | | | |
| 2 2 | | | | | | | | | | | | | | | | | | | | |
| 4 4 | | | | | | | | | | | | | | | | | | | | |
| 4 1 1 4 | | | | | | | | | | | | | | | | | | | | |
| 4 1 1 4 | | | | | | | | | | | | | | | | | | | | |
| 4 1 1 4 | | | | | | | | | | | | | | | | | | | | |
| 4 1 1 4 | | | | | | | | | | | | | | | | | | | | |
| 4 1 1 4 | | | | | | | | | | | | | | | | | | | | |
| 4 1 1 4 | | | | | | | | | | | | | | | | | | | | |
| 6 6 | | | | | | | | | | | | | | | | | | | | |

# Nono nr 38

|   |   | 1 | 2 2 2 | 4 2 2 | 5 2 2 | 5 2 2 | 5 2 2 | 6 2 | 12 | 12 | 6 2 | 5 2 2 | 5 2 2 | 5 2 2 | 4 2 2 | 2 2 2 | 1 |
|---|---|---|---|---|---|---|---|---|---|---|---|---|---|---|---|---|---|
| 3 | 3 | | | | | | | | | | | | | | | | |
| 3 | 3 | | | | | | | | | | | | | | | | |
| 2 | 2 | | | | | | | | | | | | | | | | |
| 3 | 3 | | | | | | | | | | | | | | | | |
| 3 | 3 | | | | | | | | | | | | | | | | |
| 3 | 3 | | | | | | | | | | | | | | | | |
| 3 | 3 | | | | | | | | | | | | | | | | |
| 3 | 3 | | | | | | | | | | | | | | | | |
|   | 6 | | | | | | | | | | | | | | | | |
|   | 4 | | | | | | | | | | | | | | | | |
|   | 14 | | | | | | | | | | | | | | | | |
|   | 14 | | | | | | | | | | | | | | | | |
|   | 2 | | | | | | | | | | | | | | | | |
|   | 2 | | | | | | | | | | | | | | | | |
|   | 14 | | | | | | | | | | | | | | | | |
|   | 14 | | | | | | | | | | | | | | | | |
|   | 2 | | | | | | | | | | | | | | | | |
|   | 2 | | | | | | | | | | | | | | | | |
|   | 2 | | | | | | | | | | | | | | | | |
|   | 2 | | | | | | | | | | | | | | | | |

# Nono nr 39

| | 2 2 | 2 2 | 2 2 | 2 2 | 6 | 10 | 12 | 6 6 | 4 2 2 4 | 4 2 2 4 | 3 2 2 3 | 3 2 2 3 | 2 2 2 2 | 2 2 2 2 | 2 2 2 2 | 2 2 | 3 3 | 3 3 | 3 3 | 2 2 | 1 1 |
|---|---|---|---|---|---|---|---|---|---|---|---|---|---|---|---|---|---|---|---|---|---|
| 12 | | | | | | | | | | | | | | | | | | | | | |
| 12 | | | | | | | | | | | | | | | | | | | | | |
| 5 3 | | | | | | | | | | | | | | | | | | | | | |
| 4 | | | | | | | | | | | | | | | | | | | | | |
| 4 | | | | | | | | | | | | | | | | | | | | | |
| 3 | | | | | | | | | | | | | | | | | | | | | |
| 14 | | | | | | | | | | | | | | | | | | | | | |
| 14 | | | | | | | | | | | | | | | | | | | | | |
| 3 | | | | | | | | | | | | | | | | | | | | | |
| 3 | | | | | | | | | | | | | | | | | | | | | |
| 15 | | | | | | | | | | | | | | | | | | | | | |
| 15 | | | | | | | | | | | | | | | | | | | | | |
| 3 | | | | | | | | | | | | | | | | | | | | | |
| 4 | | | | | | | | | | | | | | | | | | | | | |
| 4 | | | | | | | | | | | | | | | | | | | | | |
| 5 3 | | | | | | | | | | | | | | | | | | | | | |
| 12 | | | | | | | | | | | | | | | | | | | | | |
| 12 | | | | | | | | | | | | | | | | | | | | | |

# Nono nr 40

## Column clues

| | 3,3 | 3,4 | 8,5 | 18 | 19 | 20 | 4,3,3,4 | 3,3,3,4 | 3,3,3,4 | 3,3,3,4 | 3,4 | 3,4 | 2,4 | 1 |
|---|---|---|---|---|---|---|---|---|---|---|---|---|---|---|

## Row clues

- 9
- 9
- 9
- 4
- 4
- 4
- 4
- 4
- 4
- 10
- 10
- 10
- 10
- 3
- 3
- 3
- 4
- 12
- 13
- 13
- 13

# Soluzione

## Nr 1 — Coniglio

## Nr 2 — Serpente

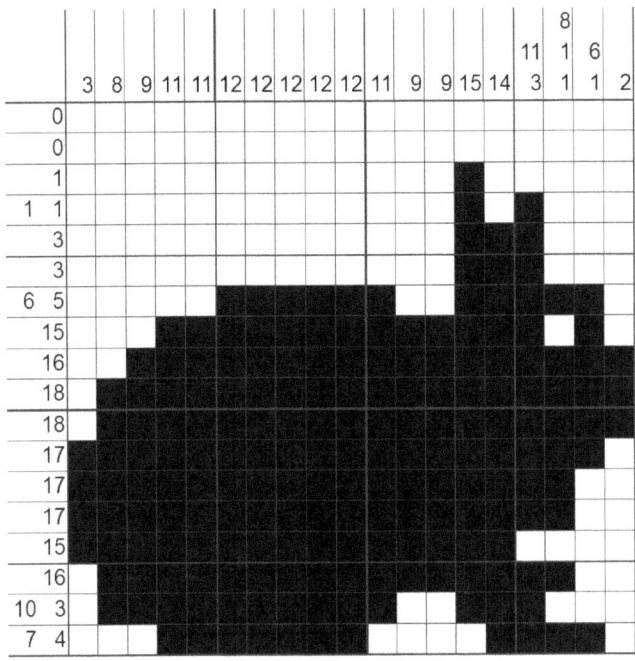

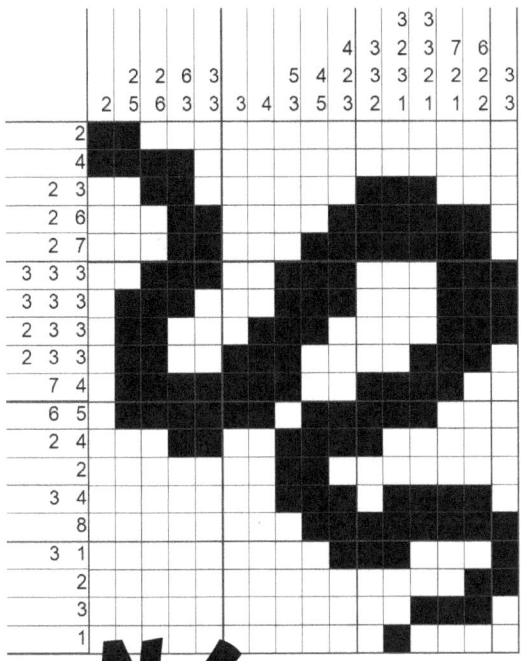

## Nr 3 — Gallina

## Nr 4 — Giraffa

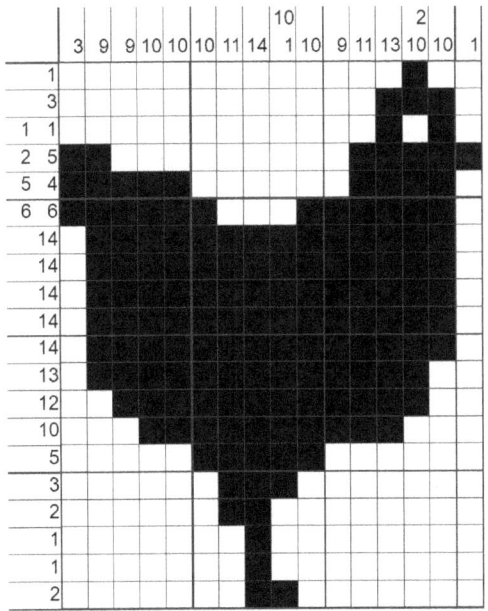

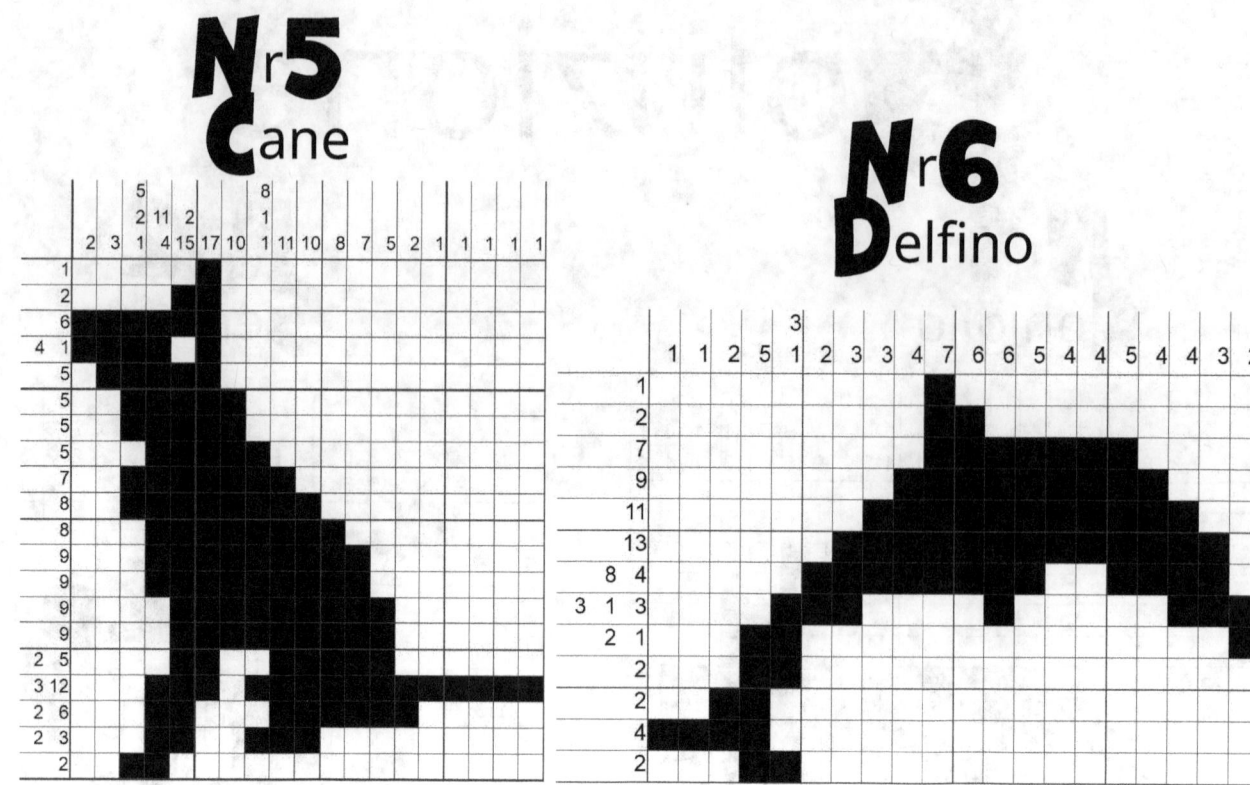
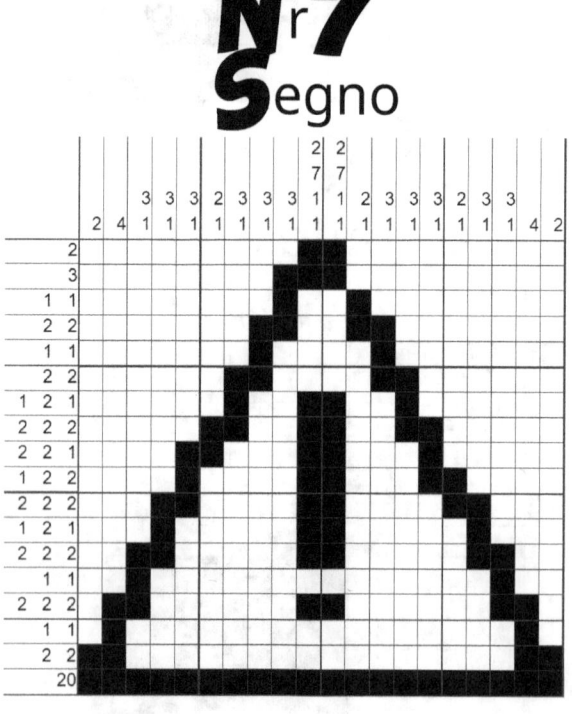
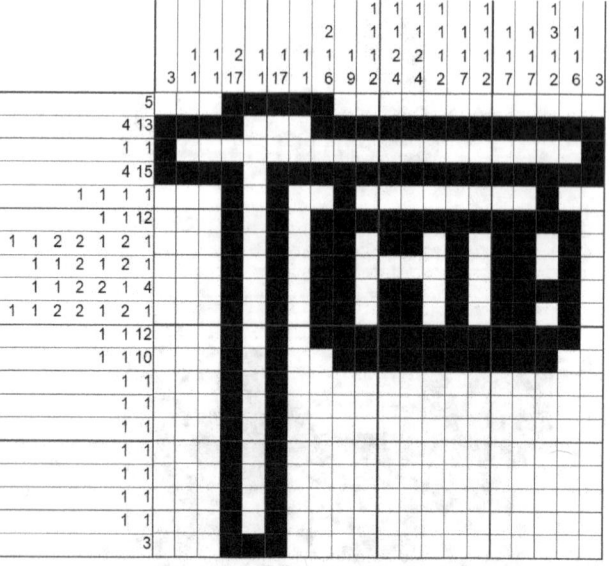

## Nr 9 — Cuore

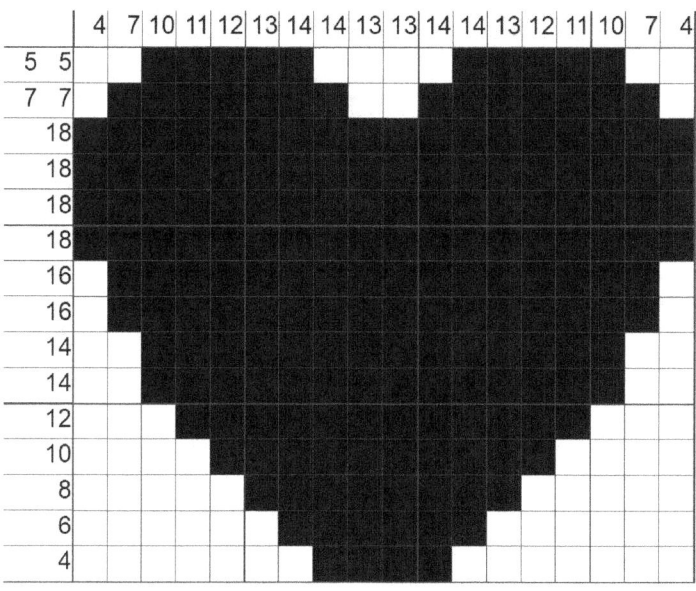

## Nr 10 — Artiglio

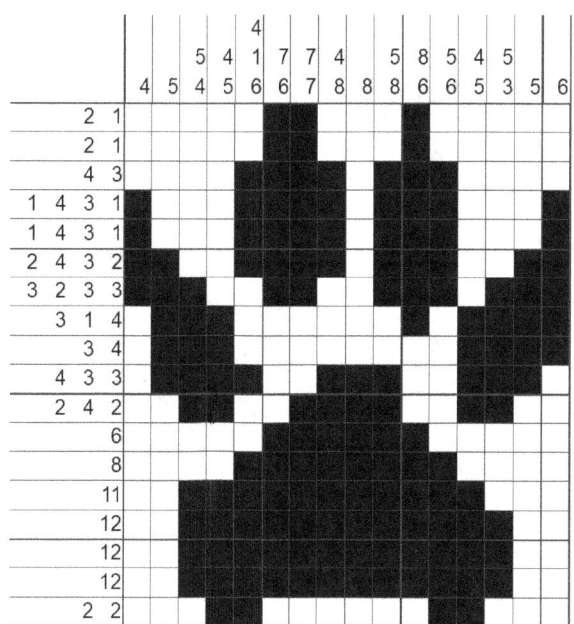

## Nr 11 — Droide

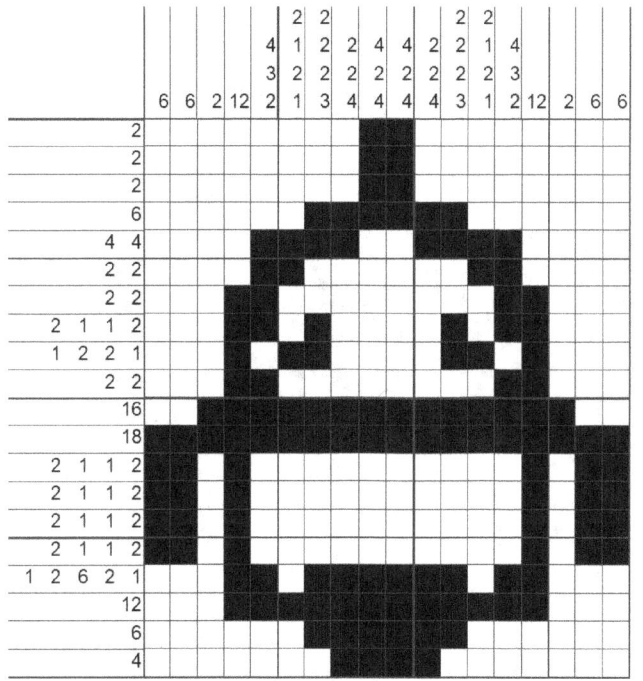

## Nr 12 — Telefono

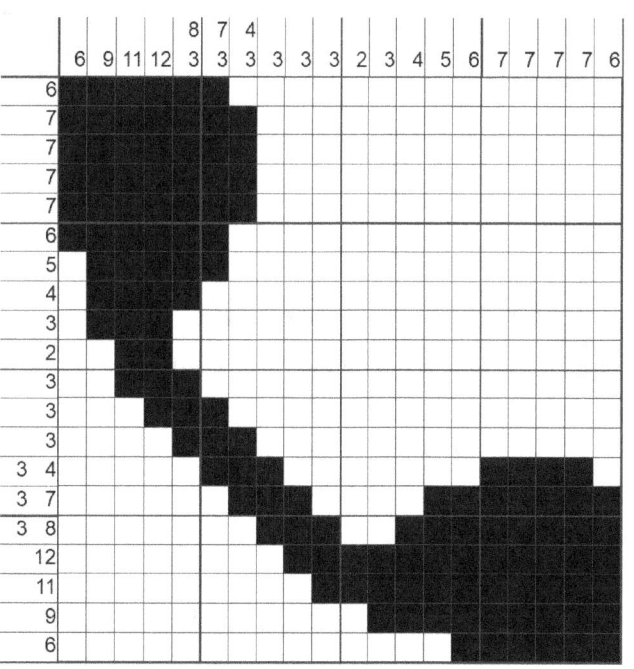

# Nr 13 Cigno

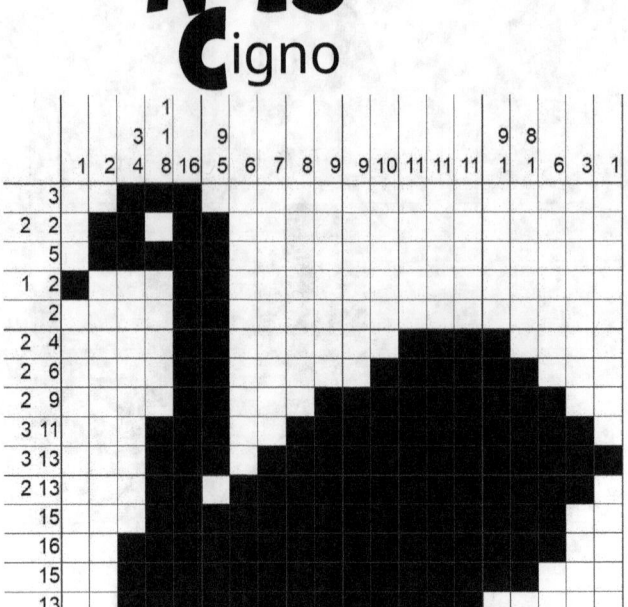

# Nr 14 Barca

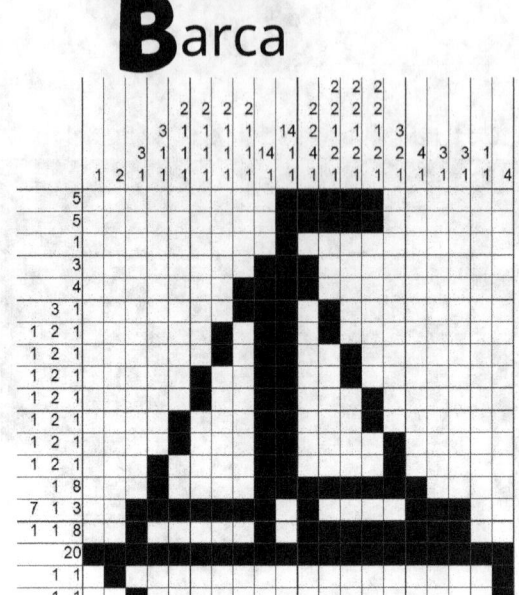

# Nr 15 Aereo

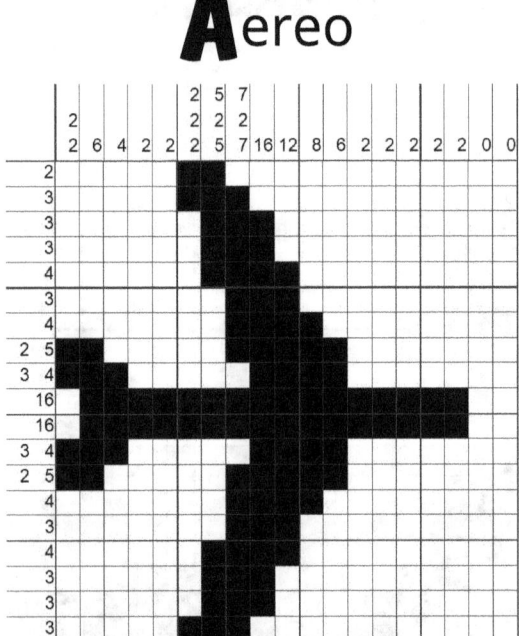

# Nr 16 Auto

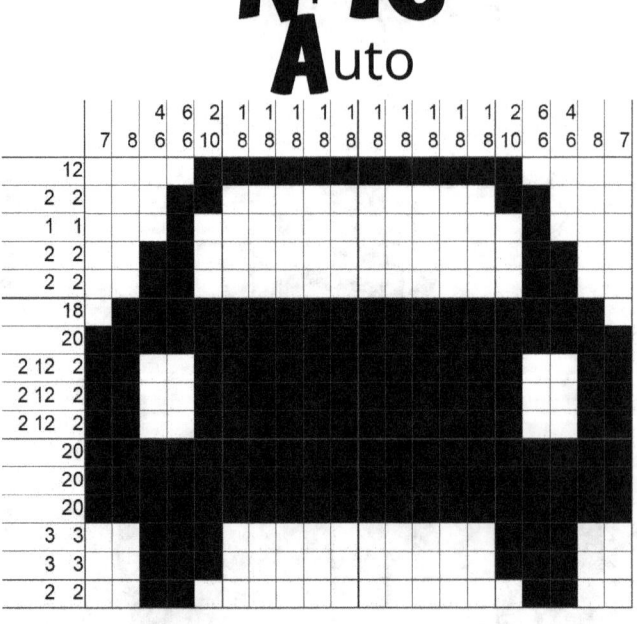

## Nr 17 — Sedia

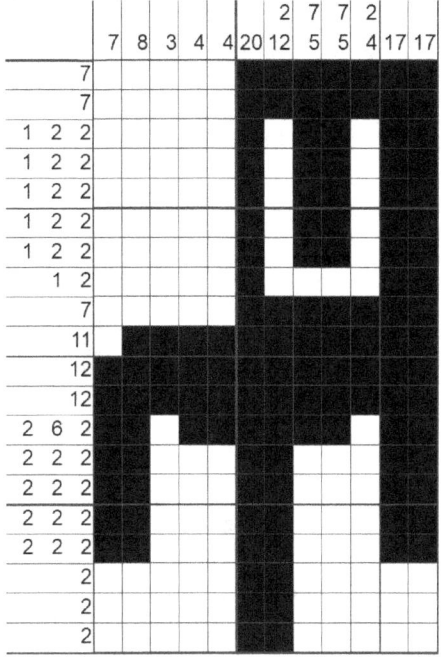

## Nr 18 — Tabella

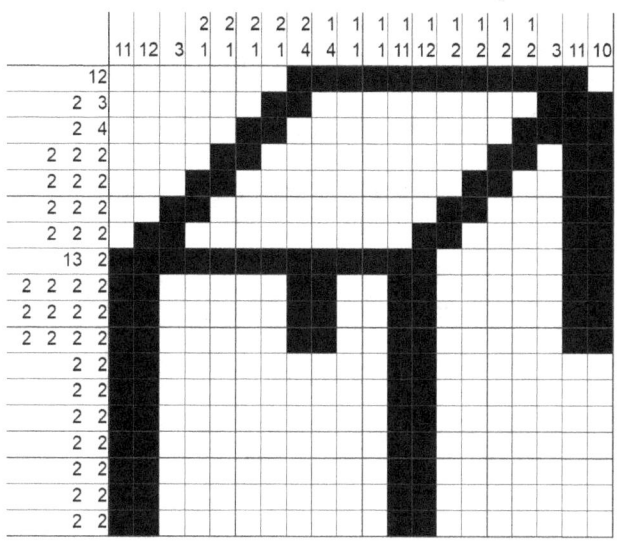

## Nr 19 — Autobus

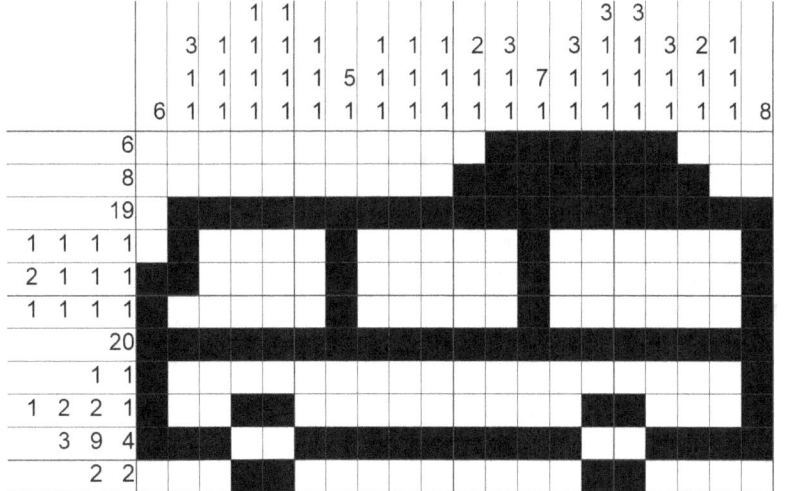

## Nr 20 — Mano

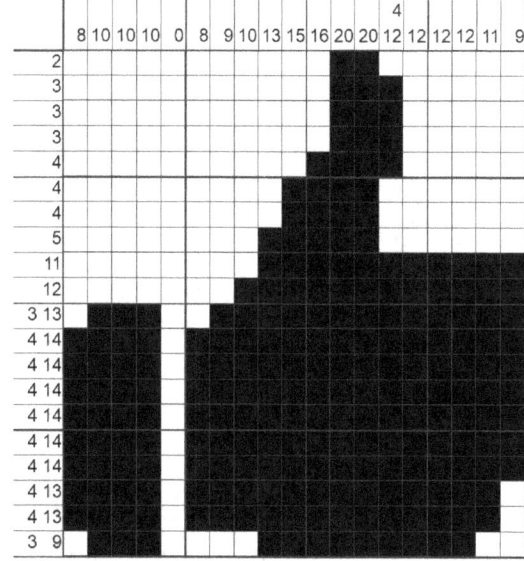

# Nr 21 Municipio

# Nr 22 Fungo

# Nr 23 Ponte

# Nr 24 Distributore

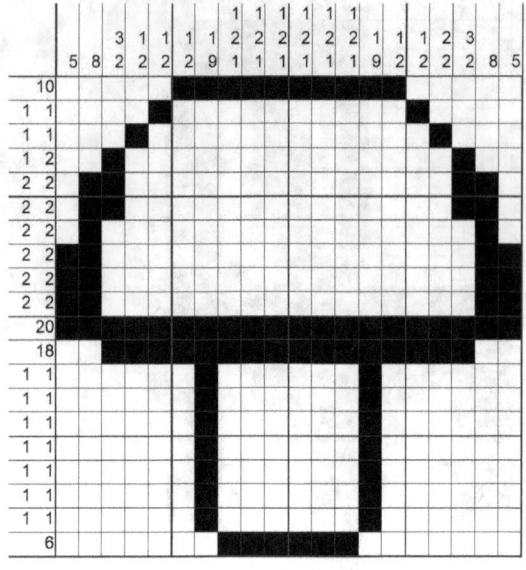
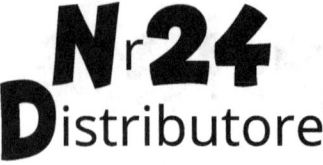
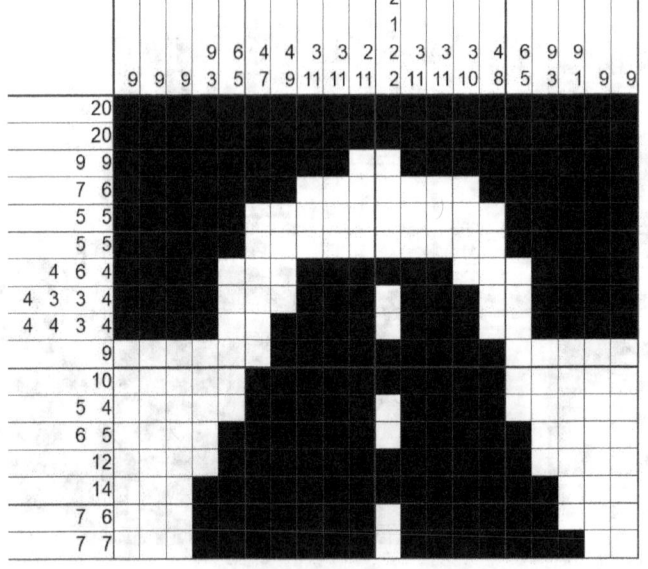
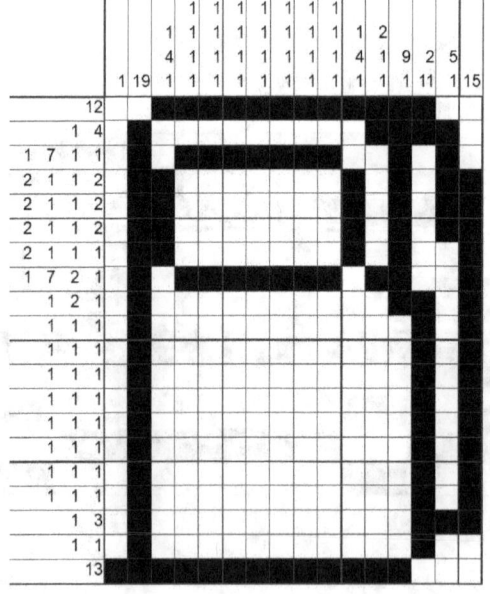

## Nr 25 Jeep

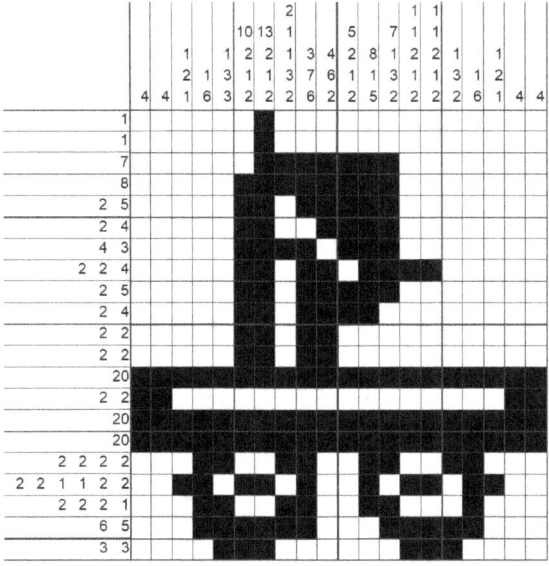

## Nr 26 Telescopio

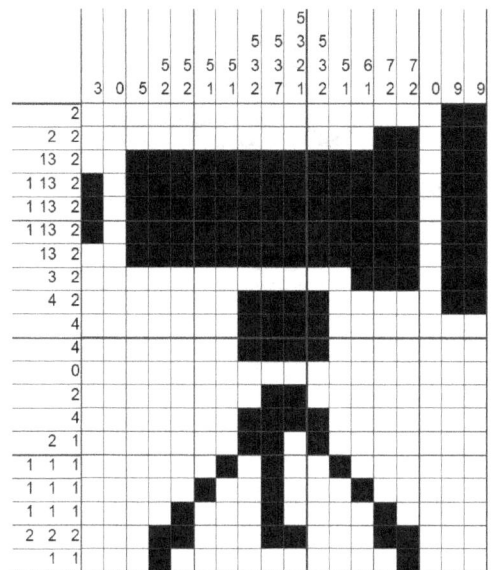

## Nr 27 Occhiali

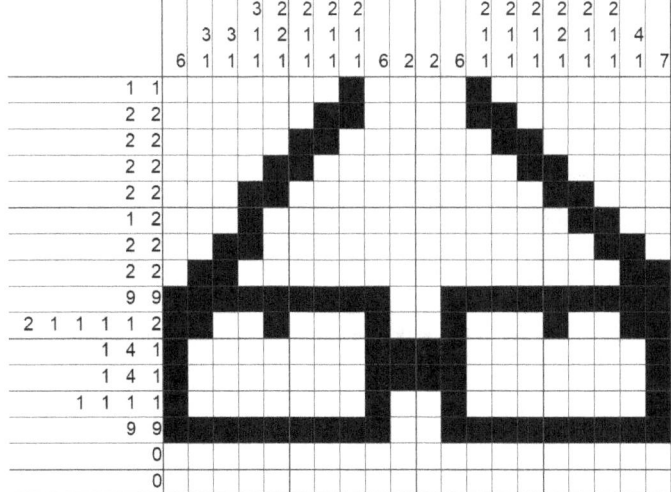

## Nr 28 Bottiglia

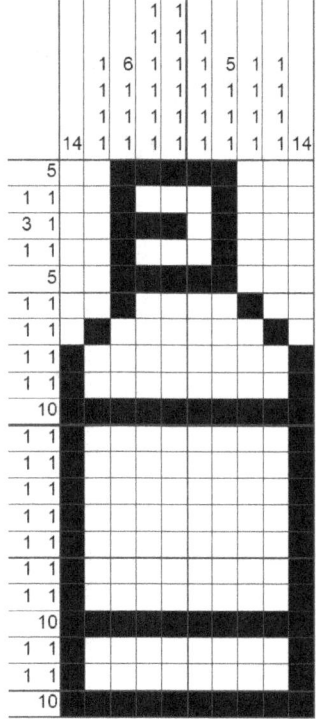

## Nr 29 Pentola

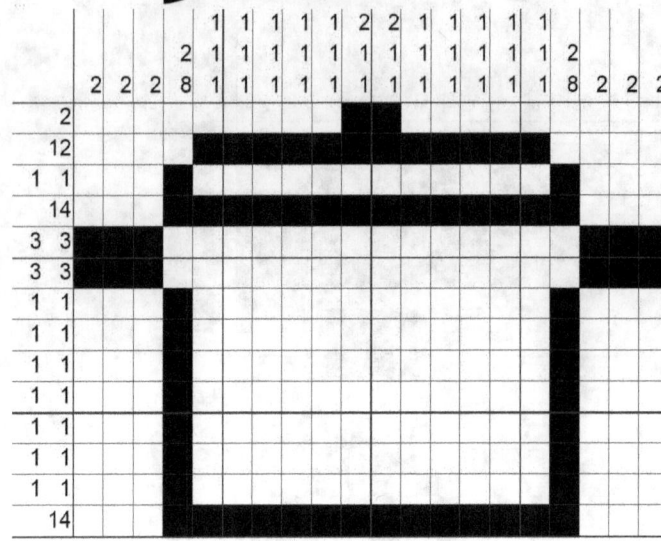

## Nr 30 Rastrello

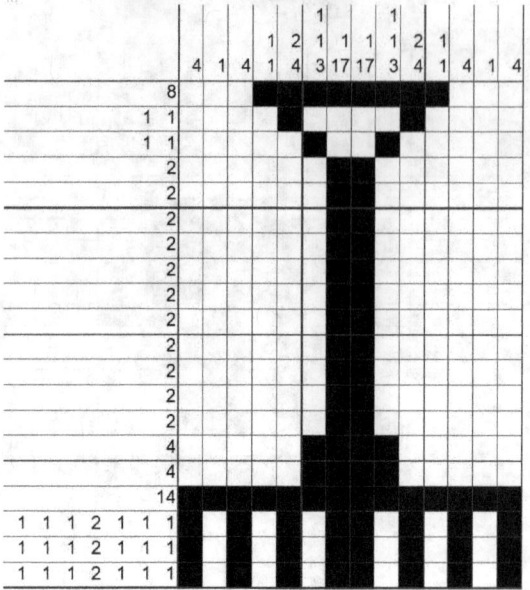

## Nr 31 Martello

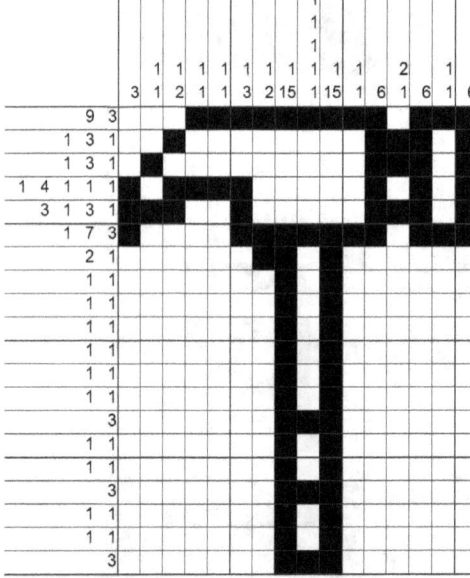

## Nr 32 Chiave

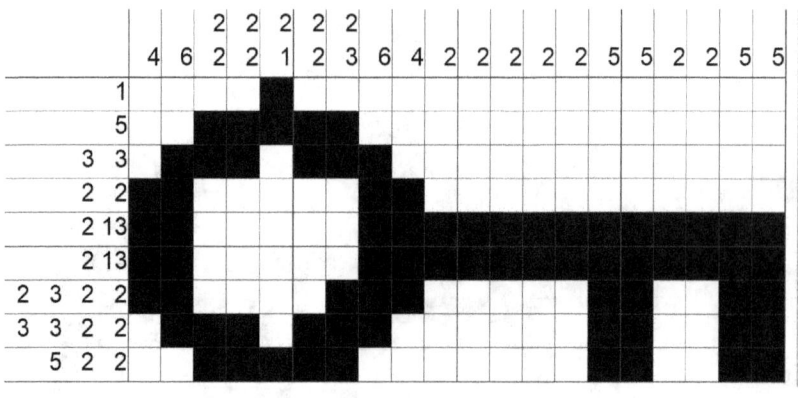

# Nr 33 Lucchetto

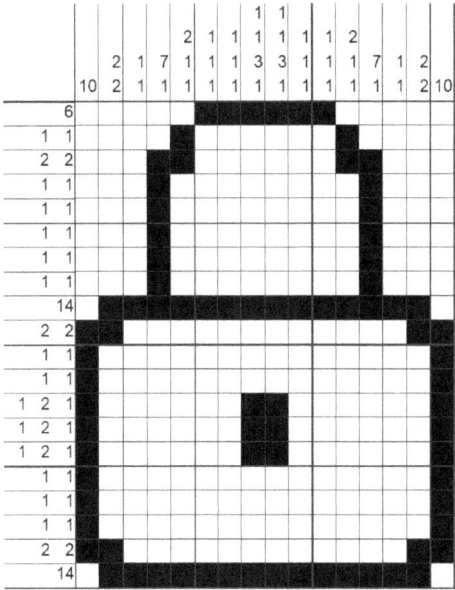

# Nr 34 Valigia

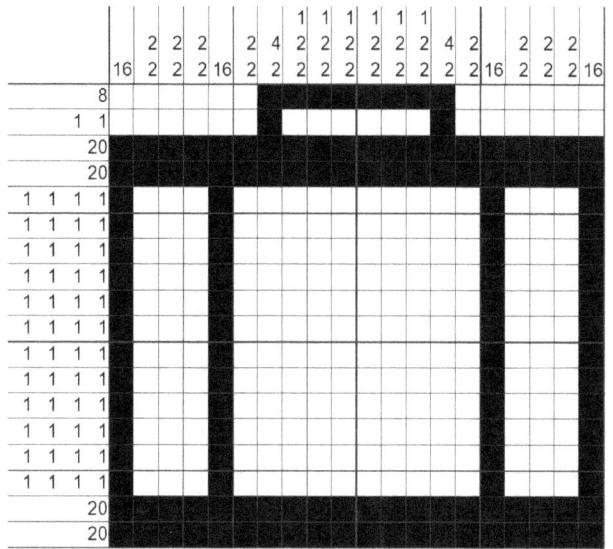

# Nr 35 Busta

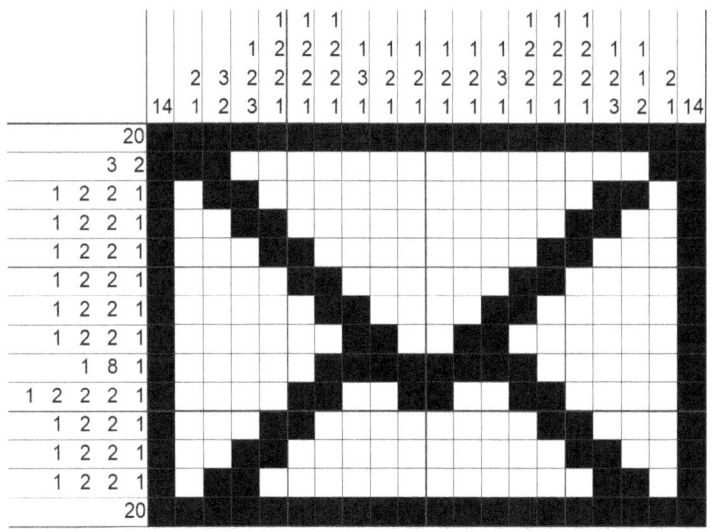

# Nr 36 Fotocamera

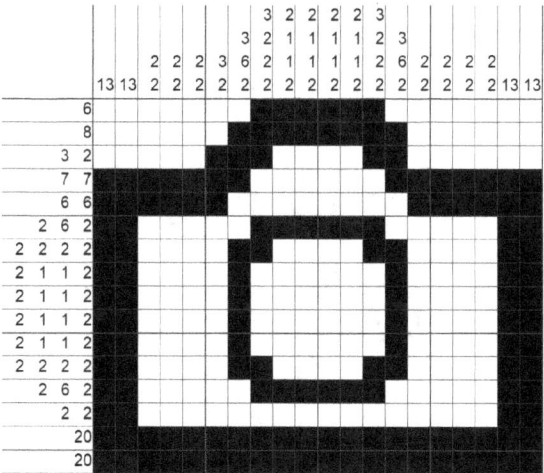

## Nr 37 Cuffie

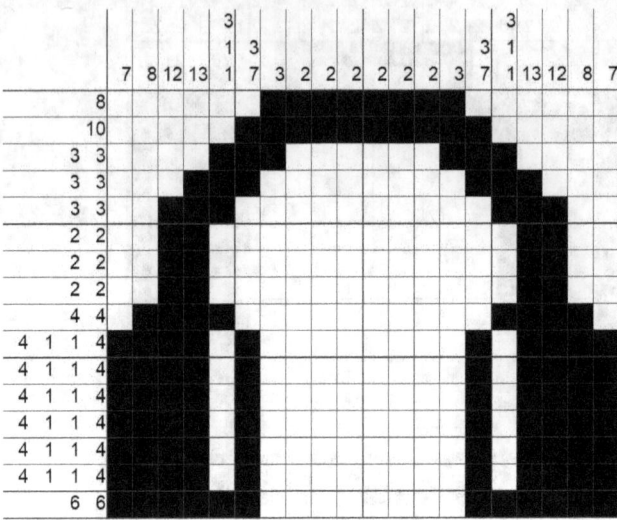

## Nr 38 Valuta Yen

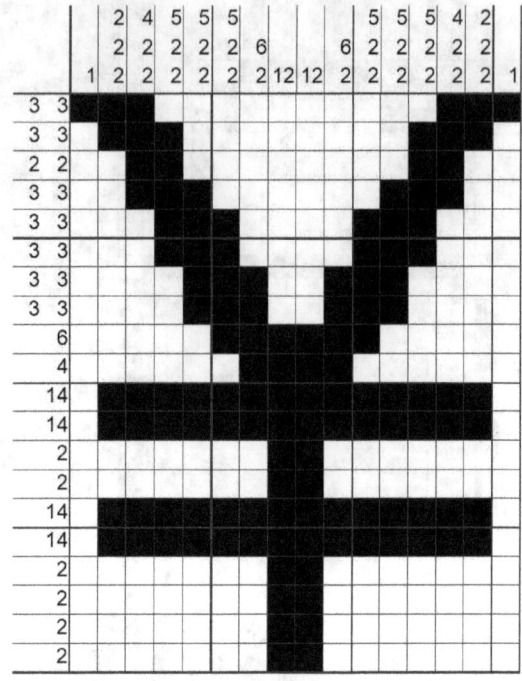

## Nr 39 Euro

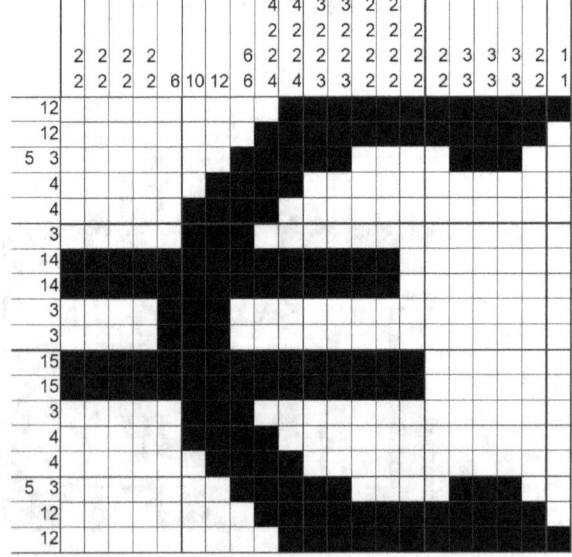

## Nr 40 Sterlina

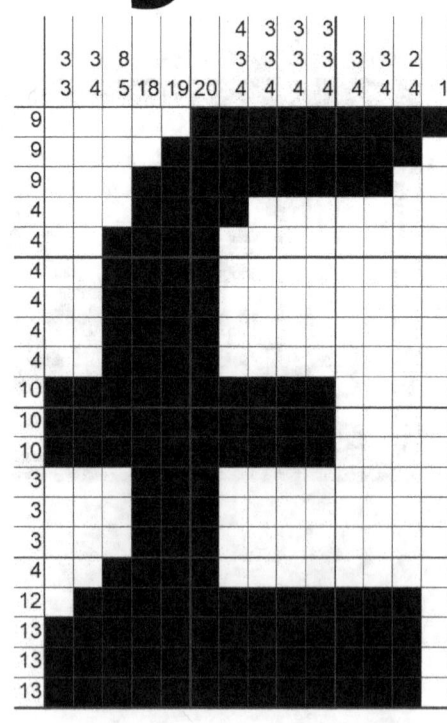

www.ingramcontent.com/pod-product-compliance
Lightning Source LLC
Chambersburg PA
CBHW062221220526
45471CB00009B/3291